EDMOND ROSTAND

LA SAMARITAINE

ÉVANGILE EN TROIS TABLEAUX EN VERS

Librairie CHARPENTIER & FASQUELLE
Eugène FASQUELLE Éditeur
11, Rue de Grenelle, PARIS.

sYf
915

LA SAMARITAINE

DU MÊME AUTEUR

Les Musardises, poésies. (*Épuisé.*)

Les Romanesques, comédie en 3 actes, en vers (THÉATRE-FRANÇAIS), *couronné par l'Académie française.*

La Princesse Lointaine, pièce en 4 actes, en vers (RENAISSANCE).

Pour la Grèce, poème.

EDMOND ROSTAND

LA
SAMARITAINE

ÉVANGILE

EN TROIS TABLEAUX, EN VERS

Représenté pour la première fois, à Paris, sur le THÉATRE DE LA RENAISSANCE
le Mercredi saint (14 Avril 1897)

PARIS
LIBRAIRIE CHARPENTIER ET FASQUELLE
EUGÈNE FASQUELLE, ÉDITEUR
11, RUE DE GRENELLE, 11
—
1897
Tous droits réservés.

Je remercie Mme Sarah-Bernhardt, qui fut une flamme et une prière; la Directrice de son Théâtre, à laquelle, somptueusement, elle prêta son goût; M. Brémont, dont la tendresse fut infinie à cause de sa mesure; toute cette jeune et fiévreuse Compagnie désormais unique au monde pour exprimer l'âme d'une foule; M. Gabriel Pierné, qui écrivit une musique mystérieuse; le public de Paris, dont l'empressement, l'émotion, l'intelligent frémissement aux intentions les plus furtives, viennent une fois encore de rassurer les poètes; la Critique, qui m'aida noblement.

JÉSUS....................................	M. BRÉMONT.
PHOTINE................................	Mme SARAH BERNHARDT.
LES TROIS OMBRES.................	MM. LAROCHE, BELLE, TESTE.

PIERRE...................................	MM. LEFRANÇAIS.
JEAN.....................................	BRULÉ.
JACQUES................................	ANGELO.
ANDRÉ...................................	DARA.
NATHANAËL............................	JOURDA.
BARTHÉLEMY..........................	NYSM.
JUDAS....................................	STEBLER.

AZRIEL...................................	MM. DENEUBOURG.
LE CENTURION.......................	LAROCHE.
LE PRÊTRE.............................	RIPERT.
UN PATRE..............................	BELLE.
UN MARCHAND.......................	CHAMEROY.
UN AUTRE..............................	LACROIX.
LE SCHOËR.............................	DARJOU.
JEUNES HOMMES....................	TESTE, COLAS, GUIRAUD, ADAM.
LES ANCIENS..........................	BERTHAUD, MAGNIN, ETC.

JEUNES FILLES.......................	Mmes BERTHILDE, DEVERGER, THÉVENARD, BUSSAC, ETC.
FEMMES.................................	CANTI, LABADY, BOULANGER, DRION, ETC.
COURTISANES........................	RICHARD, DEGOURNAY, YVES ROLAND.
ENFANTS................................	FERNAND, GEORGES.

DISCIPLES, SOLDATS ROMAINS, MARCHANDS, ARTISANS.
TOUT LE PEUPLE SAMARITAIN.

LA SAMARITAINE

PREMIER TABLEAU

Le Puits de Jacob

A l'intersection des deux grandes routes qui vont, l'une vers la Mésopotamie, l'autre vers la Grande Mer, le Puits de Jacob, non loin de la ville de Sichem, en Samarie.
Vaste citerne oblongue. Margelle basse sur laquelle on peut s'asseoir. Une voûte de pierre à moitié ruinée arrondit encore une arche au-dessus de ce puits. Rustique manivelle de bois non écorcé qui fait monter et descendre la corde où l'on suspend les urnes.
Un vaste figuier sauvage étire horizontalement ses branches. Il y a là aussi un de ces oliviers dont la pâleur est en Samarie plus argentée qu'ailleurs. Et quelques térébinthes, plus loin, et de sveltes silhouettes de cyprès.
Le fond de la scène est un talus de verdure poudreuse sur lequel sont posées les routes comme une fourche blanche; un sentier sinueux en descend vers le puits, et, derrière ce talus, la vallée de Sichem est bleue.
Le Mont Ébal et le Mont Garizim ferment l'horizon; le Garizim élève vers le ciel les ruines d'un temple; dans le creux qui sépare les deux monts, Sichem éparpille les cubes clairs de ses maisons.
Tel apparaîtra le décor, tout à l'heure, quand se lèvera le jour. Mais, quand le rideau s'ouvre, il fait nuit encore. Belle obscurité transparente. Toutes les étoiles. Debout sur les pierres du puits, dans le noir plus noir de la voûte, un très grand fantôme dont la barbe est celle d'un centenaire, s'appuie, tout blanc, sur un bâton. Un second fantôme, aussi grand, aussi blanc, est immobile sur une marche. Un troisième, pareil aux deux premiers, avec la même barbe, le même bâton de pasteur, avance mystérieusement.

SCÈNE PREMIÈRE

LES OMBRES

PREMIÈRE OMBRE, glissant vers le puits.

Poussé par la brise des nuits,
Et vagabond jusqu'à l'aurore,
Je viens pour des fins que j'ignore,
Comme un fantôme que je suis.

D'une sandale non sonore
Je viens, je glisse et je m'enfuis...
Mais, ô Jéhovah que j'adore!
Quelle est cette grande ombre encore
Qui se tient debout près du puits?

DEUXIÈME OMBRE, à la première.

Barbe blanche dans la nuit brune,
Es-tu d'un vivant de jadis?
Sors-tu du Schéol, oasis
Où l'on dort sur des prés sans lys,
Où l'on va sous un ciel sans lune?
N'es-tu qu'une ombre?

PREMIÈRE OMBRE

    J'en suis une!

DEUXIÈME OMBRE

Je reconnais ta voix, mon fils.

PREMIÈRE OMBRE

Mais un spectre encor, sur la pierre,
Se dresse, de blancheurs vêtu!...
(A la troisième ombre.)
Ombre immobile, m'entends-tu?

TROISIÈME OMBRE

Je reconnais ta voix, mon père.

DEUXIÈME OMBRE

C'est l'enfant plus pieux que Job,
Qui se tient debout sur la marche!

TROISIÈME OMBRE

C'est le Père!

PREMIÈRE OMBRE

Le Patriarche!

TROISIÈME OMBRE

Abraham!

DEUXIÈME OMBRE

Isaac!

PREMIÈRE OMBRE

Jacob!...

JACOB

Pour quelles sublimes alertes
Retrouvent-ils, nos pieds inertes,
La douce fermeté du sol?

ISAAC

C'est pour de grandes choses, certes,
Qu'un ange noir aux ailes vertes
A laissé, ce soir, entr'ouvertes
Les portes pâles du Schéol!

JACOB, à Abraham.

Quelles espérances sont nées ?
Dis-nous, toi, ce qui souleva,
Ce soir, nos ombres étonnées !
Tu dois savoir les destinées :
Tes cent soixante-dix années
T'ont mis plus près de Jéhovah !

ABRAHAM, à Isaac.

Pourquoi baises-tu la poussière
De la route, pieusement ?

ISAAC

Je me sens contraint de le faire
Par un obscur pressentiment !

ABRAHAM, à Jacob.

Pourquoi baises-tu la margelle
Du puits que tu creusas ici ?

JACOB

Une force surnaturelle
M'oblige à l'adorer ainsi !...
— Toi-même, pourquoi, ce silence,
Si tendrement le respirer ?

ABRAHAM

Je baise dans cet air, d'avance,
La Voix qui le fera vibrer !

ISAAC

Une voix, dis-tu, Patriarche?

ABRAHAM

Il vient, il vient, il est en marche,
Et tenez-le pour assuré;
Car ce soir, au Schéol farouche,
Quand j'ai passé près de sa couche,
En mettant un doigt sur sa bouche,
Moïse me l'a murmuré!

JACOB, se prosternant avec Isaac.

Nos cœurs, tout bas, chantent des psaumes!

ABRAHAM

Bien avant que sur l'or des chaumes
Ne retombe le bleu des nuits,
Ce seront, là même où je suis,
Des soupirs plus doux que des baumes,
Des mots plus grands que des royaumes!...
Voilà pourquoi nos trois fantômes
Viennent errer près de ce puits.

JACOB, à Isaac.

Est-il possible, sur la terre,
Qu'entre tous les puits des humains
Le Seigneur ait choisi, mon Père,
Pour je ne sais quel grand mystère,
Celui que creusèrent mes mains?

ISAAC

Mon fils, que ton ombre soit fière !
C'est toi l'ouvrier qu'il voulut
Pour creuser le puits de salut
Où le blême avenir va boire ;
Et c'est si beau, que l'honneur seul
D'être ton père ou ton aïeul
Fait qu'on sent soudain son linceul
Se draper en manteau de gloire !
(A ce moment le théâtre se remplit d'ombres.)

JACOB

Mais voici tous ceux qui, depuis
Que ma main plus jamais ne puise,
Sont venus puiser à ce puits !...
Une ombre, et puis une ombre, et puis
Une longue file indécise
D'ombres, qui, lente, a sinué,
Pour venir, saintement éprise,
Baiser cette margelle grise !
Toute la Tombe a remué :
Je vois Joseph et Josué.

ABRAHAM

Ombres dont tressaillent ces routes,
Tombez à genoux, toutes, toutes,
Devant la Citerne d'amour !...
(Une lueur à l'Orient.)
Mais voici que déjà le jour

A doré la ville et sa tour...
Nos formes vont être dissoutes !

JACOB

Et bientôt il ne restera
Des trois ombres qui furent là
Que trois blancheurs diminuées,
Trois grandes barbes voltigeant,
Puis trois petits flocons d'argent
Qui fondront comme trois buées !...

ISAAC

Une foule vient du lointain :
C'est le peuple samaritain
Qui, dans le secret du matin,
Vient s'entretenir de ses craintes.

ABRAHAM

Ce sont les hommes de Sichem
Qui viennent éclater en plaintes
Et parler, sous les térébinthes,
De leurs haines jamais éteintes
Contre Rome et Jérusalem !

JACOB

Disparaissons à leur approche !...
Et vous, choses, témoins rêvants,

Terre aux souvenirs émouvants,
Ciel dont les astres sont savants,
Monts sur lesquels à chaque roche
La robe du Passé s'accroche,
Et toi, puits que creusa ma pioche,
Vous qui venez d'ouïr, fervents,
Comment, lorsque déjà les vents
Propagent les pas arrivants
D'un second Moïse plus tendre,
Comment les morts savent l'attendre,
Maintenant vous allez entendre
Comment l'attendent les vivants !

(Ils s'évanouissent et, dans les premières clartés, entrent les Samaritains.)

SCÈNE II

LE PRÊTRE, AZRIEL, Jeunes Gens, Vieillards Marchands, etc.

Ils viennent, avec une lenteur de deuil, s'arrêter devant le puits, et ils se lamentent.

UN HOMME

Voici le puits, avec sa margelle et sa marche,
Que creusa dans ce champ le très saint patriarche
Jacob, fils d'Isaac, fils d'Abraham, lequel
Fut un sage, versé dans les choses du Ciel.

UN AUTRE

Tristesse de Lia, dans ces fleurs, tu nous restes !

UN AUTRE

Cette poussière aima les ombres de tes gestes,
Rachel !

UN AUTRE

Ce mont sentit s'arrêter sur son flanc
L'Arche que les porteurs posèrent, en soufflant !

UN AUTRE

Le jour ou la piété d'Abraham fut sans bornes,
Ce buisson accrocha le bélier par ses cornes !

UN AUTRE

Ce long parfum, parfois, qu'apporte un souffle bref,
Vient des brûle-parfums du tombeau de Joseph !

UN VIEILLARD

Dans ce sol, Josué planta les douze stèles !

AUTRE VIEILLARD

Cet air est composé d'haleines immortelles !

UN JEUNE HOMME

La lumière est dorée avec la gloire, ici !...

LE PRÊTRE

Et c'est pourquoi l'endroit me semble bien choisi,
Principaux de Sichem, hommes de Samarie,
Pour y venir parler des maux de la patrie.

UN HOMME, *se tournant vers les ruines qui surmontent le Garizim...*
Tous l'imitent en se prosternant.

Temple du Garizim dont la destruction
Fit trembler de bonheur le temple de Sion,
Pour tes ruines encor les Juifs ont de la haine !

UN AUTRE

Ils voient toujours en nous la secte couthéenne !

UN AUTRE

Au culte du vrai Dieu sont par nous mélangés
Des cultes, disent-ils, d'Élohim étrangers,
D'idoles plus ou moins grotesques ou farouches,
Soukkoth-Bénoth, Tharthaq !...

UN AUTRE

     Et Zéboub, dieu des mouches !

PREMIER VIEILLARD

Mensonges ! car nous seuls gardons le culte juif !

DEUXIÈME VIEILLARD

Oui, nous seuls conservons le texte primitif,
Le Pentateuque vrai, dans un étui de cuivre !

LE PRÊTRE

Au seuil du tabernacle il fut transcrit, ce Livre,

Sur la peau d'un mouton, scrupuleusement, par
Abischouah...

PREMIER VIEILLARD

Lequel descend d'Eléazar,
Fils d'Aaron...

LE DEUXIÈME

Lequel est frère de Moïse.

UN JEUNE HOMME

Pourquoi donc est-ce nous, les purs, que l'on méprise?

UN AUTRE

Nous sommes accueillis par le dégoût public
Comme des scorpions sortant d'un basilic.

LE PRÊTRE

Nous n'avons qu'un taudis pour célébrer le culte.

PREMIER VIEILLARD

Le Romain nous pressure et le Juif nous insulte.

UN HOMME

Le bon Pharisien doit se laver les mains,
S'il a dans nos sentiers cueilli de nos jasmins!

UN AUTRE

Et trois fois il remplit d'eau lustrale les marbres,
Pour effacer sur lui l'ombre d'un de nos arbres!

UN JEUNE HOMME

C'est trop souffrir!

UN AUTRE

D'ailleurs, pendant que nous souffrons,
L'aile de l'aigle des Césars bat sur nos fronts!

UN AUTRE

C'est trop! Révoltons-nous!

UN HOMME

Non! cultivons nos vignes!

PREMIER VIEILLARD, à celui qui vient de parler.

Vivre dans cette honte, alors, tu t'y résignes?

L'HOMME

Mais...

PREMIER VIEILLARD

Tu n'as pas des sursauts d'âme, quelquefois?

L'HOMME

Je tâche d'oublier nos malheurs!

PREMIER VIEILLARD

Et tu bois!

L'HOMME

Pourquoi le mont Ébal a-t-il donc sur ses pentes
Tous ces jolis murs clairs pleins de vignes grimpantes?

Je tâche d'oublier. Je fais comme Noé.
Les païens m'ont appris un beau mot : « Evohé ! »

AZRIEL, qui est resté jusque-là silencieux et languissant.

Il a raison. La lutte est impossible.

PREMIER VIEILLARD

Certe,
Lutter est dur. Il est plus doux de vivre, inerte,
Entre des bras fleuris et souples. Toi, mon fils,
Qui savais t'indigner si grandement jadis!
Suivre cette Photine; être aimé le sixième!
Car elle eut cinq amants jusqu'à ce jour...

AZRIEL

Je l'aime.
— Et puis je ne sais plus où me prendre. Je crois
Impossible la reconquête de nos droits!
Qu'un homme passe, un vrai, je suis prêt à le suivre.
En attendant,
(Montrant l'ivrogne.)
je fais comme lui : je m'enivre.
Lui, c'est un vin léger qui le rend oublieux.
Moi, c'est le vin plus fort des lèvres et des yeux!

PREMIER VIEILLARD

On se rassemble, et c'est toujours la même chose :
Nul ne propose rien!

UN MARCHAND

Mais si!... Moi!... Je propose

De flatter les Romains! Gagnons-les peu à peu.
Après, contre les Juifs, on verra si l'on peut...

UN HOMME, sortant violemment de la foule.

Toi, tu crains le désordre où le commerce crève!
L'ordre brutal te plaît. Tu l'aimes, le bon glaive!
Et, tant qu'il gardera ton or de son tranchant,
Tu tendras à son plat tes épaules, marchand!

LE MARCHAND

Mais...

L'HOMME

Tais-toi! Moi, je suis pour agir tout de suite!
La révolte! Imitons Judas le Gaulonite!
Ne payons plus l'impôt, et refusons tout net
Les dîmes sur le sel, le cumin ou l'aneth!

LE PRÊTRE

Oui, voler! violer! mettre à profit l'émeute!...
Assez! On te connaît, et les chiens de ta meute!
Je propose ceci, moi : rassembler l'argent
Qu'il faut pour rebâtir le temple; c'est urgent!
Les Juifs ne pourront pas empêcher cet outrage
A leur gloire, et Caïphe en périra de rage!
Nous serons bien vengés quand sur le Garizim
Nous fêterons, mieux qu'eux, la fête des Purim!
Rebâtissez le temple, amis; faites renaître
Un culte somptueux, — et nommez un grand-prêtre,
Et qu'on entende encor vers le ciel étoilé
Retentir les clairons en argent martelé!

LE MARCHAND

Sous la patte moelleuse, on sent passer la griffe!
Qui sera ce grand-prêtre exaspérant Caïphe?
Toi! Tu voudrais porter l'éphod de lin retors,
La robe violette étincelante d'ors
Où la grenade alterne avec une clochette,
Et que ce soit le peuple, encor, qui te l'achète!

LE PRÊTRE

Silence, vil marchand! Retourne à ton comptoir!

L'HOMME, qui a parlé avant le marchand.

Le prêtre est plein de fiel parce qu'on a su voir
Dans son cœur.

LE PRÊTRE

Dans le tien n'ai-je pas vu, sicaire?

L'HOMME

Hypocrite!

LE PRÊTRE

Voleur!

PREMIER VIEILLARD, se voilant la face.

Hélas! quelle misère!

AZRIEL

Quand je te le disais, qu'il n'y a plus d'espoir!
L'excuse, la voilà, tiens, de mon nonchaloir:

Tous par leurs intérêts ont la vue obscurcie!
C'est fini. Ce pays se meurt.

UNE VOIX, dans la foule.

Et le Messie?

TOUS

Quoi?... Que dit-il?

UN PATRE, s'avançant.

J'ai dit : « Et le Messie? »

LE PRÊTRE

Ah... bien!

LE PATRE

Vous en parlez de moins en moins! Est-ce qu'il vient?

LE PRÊTRE, souriant.

Mais oui, oui!

LE PATRE

L'Ha-Schaab que dit la prophétie?...

LE PRÊTRE

Mais oui, certainement, il viendra, le Messie!
Nous, les prêtres, alors, nous serons prévenus,
Et nous vous préviendrons tout de suite.

(A d'autres prêtres qui l'entourent.)

Ingénus!

Après tant de délais, ils l'espèrent encore!

LE PATRE

Quand viendra-t-il?

LE PRÊTRE

Ah! mais... bientôt, — si l'on implore
Le Seigneur par beaucoup de sacrifices.

LE PATRE

Bien.
Vous affirmez toujours, mais vous ne savez rien !
Que sera ce Messie ?

UN JEUNE HOMME

Un guerrier !

LE PRÊTRE

Un pontife !

PREMIER VIEILLARD

Sur la nue, il viendra !

AUTRE JEUNE HOMME

Non ! Sur un hippogriffe !

UN AUTRE

Il y aura deux Christs !

UN AUTRE

Un seul !

VOIX DIVERSES

Un ! — Deux ! — Oui ! — Non !

UN HOMME
Mais le Christ est déjà venu!
PLUSIEURS
Quel est son nom?
UN JEUNE HOMME
Judas le Gaulonite!...
UN AUTRE
Erreur! Jean le Baptiste!
LE PRÊTRE
Le Christ sera joyeux et fort!
UN VIEILLARD
Il sera triste
Et faible!
UN JEUNE HOMME
Il viendra si...
LE MARCHAND
C'est faux! Il viendra, mais...
LE PATRE.
(Pendant qu'il parle, sur le chemin, en haut du talus, Jésus paraît avec ses disciples.)

Ah! vous ne croyez plus au Christ; car désormais
Votre croyance en lui n'est plus, âmes perverses,
Qu'un vain prétexte à de stériles controverses!...
Or moi, je vous apprends qu'il vient. L'esprit subtil
Ne voit plus; le cœur voit. Il vient! Que sera-t-il?

Ce que dit le marchand ou ce que dit le prêtre?
Je ne sais. Il sera ce qu'il lui plaira d'être!
Et de quel droit, d'ailleurs, vous assemblant exprès,
O les représentants de vos seuls intérêts,
Lorsque nous espérons la fin de nos souffrances,
Venez-vous discuter, ici, nos espérances?
Je vous apprends qu'il vient! que les Samaritains,
Les vrais, qui sont la foule obscure, en sont certains,
Et qu'il va balayer d'un souffle de colère,
Comme le vent l'épi resté vide sur l'aire,
Votre inutilité bavarde et votre orgueil!
Il approche; il est là; nous le sentons au seuil
Des temps; et nous saurons, sans vous, le reconnaître!

LE PRÊTRE

A quoi donc?

LE PATRE

Je ne sais, à son regard, peut-être,
Au son de sa parole, au geste de sa main...

JÉSUS, en haut du talus, désignant au loin la ville.

Homme, est-ce là Sichem?

LE PATRE, se retournant.

Passez votre chemin!

SCÈNE III

Les Mêmes, JÉSUS et ses Disciples

LE PATRE

Des Juifs! Ce sont des Juifs!

CRIS DE TOUS

Des païens! — Qu'on les chasse!

LE PRÊTRE

Non, du mépris!

LE MARCHAND

Cédons, avec dégoût, la place!

AZRIEL

Moi, je reste.

UN JEUNE HOMME

Pourquoi?

AZRIEL

Photine doit ici
Venir puiser de l'eau.

LE JEUNE HOMME

Non. Viens. Proteste aussi

En t'éloignant.

UN AUTRE

Emmenons-le!

PIERRE, aux Samaritains qui s'éloignent.

Quoi, sans réponses
Vous nous laissez?

ANDRÉ

Nous avons faim...

UN SAMARITAIN

Mangez des ronces!

L'IVROGNE

Si vous désirez mieux, ce sera très cher, car
On écorche les Juifs à Sichem...

PIERRE, insolemment.

A Sichar!

UN VIEILLARD

O ma ville, ce sobriquet te déshonore!

UN JEUNE HOMME

Prenez garde! On pourrait un jour aller encore
Souiller votre vieux temple avec des ossements!

PIERRE, indigné.

Oh !

LE PRÊTRE, entraînant le jeune homme.

Laissons-les.

UN SAMARITAIN, avant de sortir, se retournant.

Leur temple offense Dieu !

(Ils sortent.)

PIERRE

Tu mens !

(Criant à la cantonade.)
Il n'existe qu'un temple au monde...

LA VOIX D'UN SAMARITAIN, au loin.

C'est le nôtre !
(Éclats de rire.)

SCÈNE IV

JÉSUS, les Disciples

PIERRE, descendant.

Maudit soit ce pays ! Que la peste s'y vautre !
Et que la sauterelle y tombe, avec son bruit !

JACQUES, de même.

Que la nielle sur l'arbre abolisse le fruit,
Ou que le ver l'attaque au fond de la réserve !

ANDRÉ, de même.

Et que la femme avorte et que l'homme s'énerve !
Qu'ils connaissent toutes les soifs, toutes les faims !
Que tous leurs ennemis viennent sur leurs confins,
Et qu'il ne reste rien de leurs villes rasées !

PIERRE

Que jamais, jamais plus, sous les bonnes rosées,
Vous ne vous incliniez et vous ne murmuriez,
Citronniers, amandiers, grenadiers et mûriers !
Que jamais plus sous les fruits lourds l'arbre ne crie !...

JÉSUS

Les bénédictions de Dieu sur Samarie !

(Il descend.)

PIERRE

Quoi, Rabbi ? Mais ces mots de toi, que je retins :
« Évitez les Gentils et les Samaritains.
Ne prêchez qu'aux brebis d'Israël !... »

ANDRÉ

     Oui, toi-même
Tu paraissais haïr ces païens !

JÉSUS

   Je les aime.

PIERRE

Je te les entendis cependant prononcer,
Ces paroles. Pourquoi?

JÉSUS

     C'était pour commencer.
Vous n'aviez pas encore assez large poitrine
Et je ne pouvais toute y loger ma doctrine.
Si je vous avais dit d'aimer jusqu'aux Gentils,
Vous vous seriez scandalisés, mes chers petits.
Pouvais-je sans danger, dans votre ombre première,
Faire entrer brusquement tout mon flot de lumière?
A vous, faibles, verser d'un coup tout mon vin fort?
Non, certe, et c'est pourquoi j'étais prudent d'abord :
Je filtrais le rayon, je mesurais la dose,
Je n'osais tout livrer. Mais voici l'heure. J'ose.

ANDRÉ

Quoi! de n'être pas Juif, cela n'empêche rien?

JÉSUS

Élisée a guéri Nahaman le Syrien.

PIERRE

Quoi! nous devons aimer ces gens de Samarie?

JÉSUS

Et vous les aimerez, puisque je vous en prie.

PIERRE

Que nous demandes-tu, Rabbi ?

JÉSUS

D'être parfaits.
On se sent allégé quand on porte mon faix.
Portez-le. Chérissez le prochain.

PIERRE

Ce qu'on nomme
Le prochain, est-ce donc un vil païen ?

JÉSUS

Un homme,
Qui de Jérusalem allait à Jéricho,
Rencontra des voleurs. On le frappe, on le blesse,
Ses cris demeurent sans écho
Et, le croyant mort, on le laisse.
Il n'est plus qu'une plaie, il gît ;
Le sang fuit de son corps comme le vin d'une outre...
Passe un prêtre. Il voit là ce corps, ce sol rougi :
Il passe outre.
Passe un lévite. Il voit cet œil où meurt le jour :
Il passe outre, à son tour.
Passe un Samaritain. Il voit la pauvre tête :
Il s'arrête.
Il saute de sa mule ; il s'empresse ; en versant
Du baume mêlé d'huile, il étanche le sang ;
Il prend doucement sous l'aisselle
L'agonisant,

Puis il le monte sur sa selle,
Le porte à l'abri, le descend,
Le fait coucher, le veille encore,
Et le lendemain à l'aurore,
Ayant mandé les hôteliers
Et leur ayant donné d'avance
Deux deniers,
Il leur dit : « Je m'en vais. Mais, pendant mon absence,
Qu'on en prenne soin, qu'on le panse ;
A mon retour, je compte bien
Payer le surplus de dépense. »
Et puis il s'en va, ce païen !
— Voulez-vous maintenant me dire, en conscience,
Du malheureux mourant délaissé comme un chien
Lequel par sa conduite
Fut vraiment le prochain,
Le prêtre, le lévite,
Ou le Samaritain ?

PIERRE

Mais...

JÉSUS

Avez-vous compris ?

JACQUES

Certe !...

JEAN, à Jésus, le guidant vers la margelle du puits.

Assieds-toi. Respire.

Les chemins furent longs et pierreux.

       ANDRÉ
         Et le pire
C'est qu'on dit les voleurs terribles, par là-bas...
Un surtout... Je ne sais plus son nom...

     JÉSUS, doucement.
        Barabbas.

    JEAN, s'agenouillant près de lui.

Tu t'es interrompu pour demander la route
Quand tu nous expliquais — continue, on écoute ! —
La Fable de celui qui semait son terrain.

      JÉSUS, souriant.
Que faut-il expliquer ?

       JEAN
    Qu'est-ce que le bon grain ?

       JÉSUS
C'est celui que je sème.

    PIERRE, s'asseyant à ses pieds.
    Et le champ ?

       JÉSUS
       C'est le monde.

     ANDRÉ, de même.
La moisson ?

       JÉSUS
  C'est tous mes élus, la moisson blonde.

JACQUES, de même.

L'autre grain ?

JÉSUS

C'est celui que sème le méchant
Qui, dès que vous dormez, vient vite dans le champ.

BARTHÉLEMY, de même.

Les moissonneurs enfin, maître ?

JÉSUS

Ce sont les anges :
Car c'est là-haut, mes chers épis, que sont les granges !

PIERRE

Je ne dormirai plus pour garder la moisson !

JÉSUS

Tu dormiras encore. — Et de cette leçon
Retenez bien surtout qu'il faut que l'on tolère :
Aussi n'arrachez pas l'ivraie avec colère,
De peur que vous n'alliez, dans le même moment,
En arrachant l'ivraie arracher le froment.

NATHANAËL, avec une gourmandise triste.

Le froment !... Ça sent bon, quand on vient de le moudre !...
J'ai faim.

JÉSUS

Demande au ciel qu'il laisse se résoudre
Ce nuage qui passe en manne au goût de miel !

PIERRE

Et tu crois?...

JÉSUS

Mais oui. Toi, Pierre, demande.

PIERRE

Au ciel?

JÉSUS

Oui.

PIERRE

Et la manne, alors, pleuvra?...

JÉSUS

Blonde et friande.

PIERRE

Mais...

JÉSUS

Demande.

PIERRE

Pourtant...

JÉSUS

Demande.

PIERRE

Je...

JÉSUS

Demande.

PIERRE, sans conviction.

Ciel, fais pleuvoir sur nous ce miel aérien
Qui plut sur les Hébreux, jadis.
(Un temps.)
Il ne pleut rien.

JÉSUS

Parce qu'à ta demande il se mêlait un doute.
Si vous aviez la foi, si vous l'aviez bien toute,
Vous diriez à ce mont : « Marche, énorme rocher ! »
Et le Mont Garizim se mettrait à marcher.
Hommes de peu de foi, cherchez tout seuls des vivres...
Moi je vais lire ici, — dans d'invisibles livres.
Allez tous : Pierre, André, Jacques, Nathanaël,
Judas.

(Ils s'éloignent. — Jésus à Pierre, qui sort le dernier, tout déconfit.)

Oui, Pierre, un jour, les anges de mon ciel
T'ayant rassasié du vent de leurs écharpes,
Te désaltéreront d'un murmure de harpes ;
L'âme se nourrira de souffles et d'accords !...
En attendant, cherchez la pâture du corps !

(Les disciples se dirigent les uns vers la ville, les autres vers les champs. Jésus reste seul.)

Je suis las !... Il le faut !... Il faut, sans fin, que j'aille,
Et que soit, pour mes mains, griffante la broussaille,
Et, pour mes pieds, que les cailloux soient aiguisés !...
Mais le salut jaillit de mes membres brisés
Comme le vin des grains écrasés de la vigne,
Et cette lassitude heureuse, elle est le signe
Qu'ici va s'accomplir quelque chose de bon :

Car toujours, ô mon Dieu, de ton fils vagabond
Chaque fatigue aura quelque suite divine,
Et je sens, puisqu'ainsi je souffre, je devine,
Puisque d'épuisement je suis presque mourant,
Que quelque chose ici va s'accomplir de grand !...
Les rayons tombent droit; voici la sixième heure.
— Un chant de flûte vient dans le vent qui m'effleure.
— Une femme... Elle sort de Sichem... D'un pas lent
Elle vient. Elle vient au puits. L'air est brûlant...
<small>(Il s'est rassis au bord du puits.)</small>
Même, elle est assez près déjà pour que je voie
Le triple collier d'or, la ceinture de soie,
Et les yeux abaissés sous le long voile ombreux...
Que de beauté mon Père a mis sur ces Hébreux !
— J'entends tinter les grands bracelets des chevilles.
Voici bien, ô Jacob, le geste dont tes filles
Savent, en avançant d'un pas jamais trop prompt,
Soutenir noblement l'amphore sur leur front.
Elles vont, avec un sourire taciturne,
Et leur forme s'ajoute à la forme de l'urne,
Et tout leur corps n'est plus qu'un vase svelte, auquel
Le bras levé dessine une anse sur le ciel !...
<small>(A ce moment la Samaritaine paraît en haut du sentier.)</small>
Immortelle splendeur de cette grâce agreste !
Je ne peux me lasser de l'admirer, ce geste
Solennel et charmant des femmes de chez nous,
Devant lequel je me mettrais presque à genoux
En pensant que c'est avec ce geste, le même,
Que jeune, obscure et douce, ignorant que Dieu l'aime,
Et n'ayant pas reçu dans un grand trouble encor

La Salutation de l'ange aux ailes d'or,
Ma mère allait porter sa cruche à la fontaine.

Elle a beaucoup péché, cette Samaritaine,
Mais l'urne, dont a fui le divin contenu,
Se reconnaît divine à l'anse du bras nu !...
— Elle chante en rêvant à des amours indignes.

SCÈNE V

JÉSUS, PHOTINE

PHOTINE, descendant le sentier.

Attrapez ces renards qui ravagent nos vignes...
    L'amour est bien fort sur les cœurs !
Donnez-moi du raisin à sucer, car je meurs.
    Le bien-aimé me fait des signes...
Attrapez ces renards qui ravagent nos vignes !

A travers le treillage, hier, il me parla :
    « *Debout, ma mie, et viens, ma belle !*
L'hiver a fui, la pluie est loin, les fleurs sont là :
    C'est le temps de la ritournelle.
On prétend que quelqu'un dans le pays déjà
    Entendit une tourterelle ;
Que déjà, mûrissante, une figue coula !...
    Debout, ma mie, et viens, ma belle :
L'hiver a fui, la pluie est loin, les fleurs sont là ! »

JÉSUS

C'est une âme légère autant qu'une corbeille.

PHOTINE (Elle est arrivée au puits, et, sans regarder Jésus, elle attache l'urne à la corde; elle la laisse lentement descendre dans le puits.)

Je dormais. Quelquefois je dors,
Mais tout de même mon cœur veille.
Quelqu'un m'a crié du dehors :
« Ouvrez, cœur, fleur, astre, merveille! »

J'ai répondu d'un ton malin
A la chère voix reconnue :
« J'ai quitté ma robe de lin :
Puis-je vous ouvrir? Je suis nue.

J'ai parfumé mes pieds lavés
Préalablement dans la neige :
Mes pieds blancs, sur les noirs pavés,
Pour vous ouvrir, les salirai-je? »

Je dis... Mais je fus vite ouvrir :
Contre lui je suis si peu forte!
Il avait fui : j'ai cru mourir,
Et quand j'eus refermé la porte

(Mes doigts avaient sur les verrous
Laissé de la myrrhe sauvage),
J'ai pleuré dans mes cheveux roux
Et me suis griffé le visage.

JÉSUS

Pas un instant sur moi ne s'est fixé son œil.

PHOTINE

Fuira-t-il devant moi, toujours, comme un chevreuil ?

JÉSUS

Voici qu'elle commence à remonter l'amphore.

PHOTINE, tournant la roue de bois qui tire la corde.

Mon bien-aimé — je t'ai cherché — depuis l'aurore,
Sans te trouver, — et je te trouve, — et c'est le soir;
Mais quel bonheur! — il ne fait pas — tout à fait noir :
  Mes yeux encore
  Pourront te voir.

Ton nom répand — toutes les huiles — principales,
Ton souffle unit — tous les parfums — essentiels,
Tes moindres mots — sont composés — de tous les miels,
  Et tes yeux pâles
  De tous les ciels.

Mon cœur se fond — comme un fruit tendre — et sans écorce...
Oh! sur ce cœur, — mon bien-aimé, — qui te cherchait !
Viens te poser — avec douceur — comme un sachet,
  Puis avec force
  Comme un cachet!

JÉSUS

Dans le rond de l'amphore pleine elle se mire...

PHOTINE

Comme un cachet d'airain, comme un sachet de myrrhe !...

JÉSUS

... S'adresse en ce miroir des rires puérils,
Regarde si le fard tient bien au bout des cils,
Si ses doigts restent blancs malgré l'eau qui les gèle,
— Et le Sauveur est assis, là, sur la margelle !
<small>(Photine a remis sa cruche sur son épaule et s'éloigne.)</small>
Elle s'en va. C'est bien la pauvre Humanité
Qui frôle le bonheur et qui passe à côté !
<small>(Photine remonte le sentier, murmurant encore sa chanson.)</small>
Et si je ne faisais pas un signe à cette âme ?...
Elle passe... Si je la laissais passer ?...
<small>(Elle va disparaître.)</small>
                        Femme !
<small>(Elle se retourne, et le regarde d'un air insolent.)</small>
J'ai soif : car les rayons du soleil sont très vifs.
Fais-moi boire, veux-tu ?

PHOTINE

         Je croyais que les Juifs
— Et cet homme en est un, cela se connaît vite —
Ne pouvaient pas, avec quiconque est Sichémite,
Avoir le plus léger, le plus lointain rapport !
Notre pain, c'est pour eux de la viande de porc ;
Un miel, dont à Sichem l'abeille aurait sa ruche,
Serait du sang d'oiseau pour eux ! Donc, cette cruche
Qui, toute fraîche, sort d'un puits samaritain,
Et que sur son front vil une païenne tint,
Tu devrais l'écarter d'un geste exécratoire,

Au lieu de demander...

JÉSUS

Je te demande à boire.

PHOTINE

Ton dégoût par la soif est donc diminué?
Sache que tu serais beaucoup moins pollué
En foulant un reptile, en touchant un insecte,
Qu'en étant secouru par quelqu'un de ma secte!
<small>(Avec une volubilité méchante.)</small>
Non, quand tu m'en prîrais encor jusqu'à demain,
Je ne descendrai pas la cruche sur ma main :
Elle est sur mon épaule; elle est bien; je l'emporte.
Adieu, l'Eliézer sans cadeaux, sans escorte!
Si tu me pris pour Rebecca, tu te trompas!
Tu dois avoir bien soif! Mais tu ne boiras pas
<small>(Redescendant un peu.)</small>
Tu vois cette eau, cette eau limpide, si limpide
Que lorsqu'il en est plein le vase semble vide,
Si fraîche que l'on voit en larmes de lueur,
En perles de clarté ruisseler la sueur,
La sueur de fraîcheur que l'amphore pansue,
Par tous les pores fins de son argile, sue!...
Cette eau qui donne soif rien qu'avec son bruit clair,
Si légère qu'elle est comme une liqueur d'air,
Eh bien! pour toi, cette eau, c'est la loi, la loi dure,
Cette eau pure, cette eau si pure, elle est impure!...

JÉSUS

Femme !

PHOTINE

 Non, tu n'auras pas une goutte d'eau !
Rien !

JÉSUS

 Si tu connaissais quel sublime cadeau,
Quel envoi de clarté Dieu fait à l'heure noire,
Et quel est Celui-là qui te demande à boire,
Tu te serais peut-être avisée aujourd'hui
De le Lui demander, femme, toi-même, à Lui.

PHOTINE

Tu dis des mots obscurs pour me rendre attentive.

JÉSUS

Et l'eau qu'il t'eût donnée eût été de l'eau vive !...

PHOTINE

Je conviens, inconnu, que ta voix, que tes yeux
Plaisent, et que tu sais, ô beau Juif captieux,
Éveiller l'intérêt en parlant de cette onde...
Tu n'as rien pour puiser. La citerne est profonde.
De quelle eau parles-tu, d'un air noble et subtil ?
Où prendrais-tu cette eau ? Mais d'ailleurs y a-t-il
De l'eau semblable à celle-ci, de l'eau meilleure ?
On vient, pour en puiser ici, de plus d'une heure.
Notre père Jacob creusa, pour sa tribu,

Ce puits profond. Lui-même et les siens en ont bu,
Eux tous, et leurs troupeaux, leurs chameaux et leurs zèbres ;
Et c'est une eau célèbre entre les plus célèbres.
Tu ne vas pourtant pas dénigrer notre puits !
Serais-tu donc plus grand que Jacob ?

JÉSUS

Je le suis.

PHOTINE

Oh ! si je te versais, dans tes deux mains en conque,
Un peu d'eau de ce puits, tu verrais bien...

JÉSUS

Quiconque
Boira l'eau de ce puits aura soif de nouveau ;
Mais il n'aura plus soif, celui qui boira l'eau
Que je lui donnerai ; car en lui naîtra d'elle
Le bondissement frais d'une eau perpétuelle,
De sorte qu'il sera sans fin désaltéré
Celui qui boira l'eau que je lui donnerai.

PHOTINE

Quoi ! pour l'éternité ?... Mais j'y songe, peut-être,
C'est l'eau que le prophète Élie a dû connaître,
Lorsque dans le désert, sans boire, il s'en alla
Si longtemps. Tu souris ? Mais oui, je sais cela.
Tu vois, je ne suis pas tout à fait ignorante.
Sans boire, il est resté quarante jours, quarante !
Vraiment tu connaîtrais son merveilleux secret ?

Seigneur, apprends-le moi. Cela m'éviterait
De venir chaque jour porter ici l'amphore.
Une eau dont on boirait sans avoir soif encore !
Tout le monde en voudrait. On la vendrait très cher.

JÉSUS

Tu ne m'entends qu'avec des oreilles de chair.
Quand je veux l'élever, ton âme reste à terre.

PHOTINE

Explique-moi quelle est cette eau qui désaltère
Pour toujours, cette source au flot jamais tari ?

JÉSUS

Soit ! Mais va tout d'abord me chercher ton mari.

PHOTINE

Mon mari ?

JÉSUS

    Va.

PHOTINE

    Mais je...

JÉSUS

    Ceci te déconcerte ?
Va chercher ton mari !

PHOTINE

Je n'en ai pas.

JÉSUS

    Non certe,

Tu n'en as pas. Disant cela, tu dis fort bien :
Car l'homme avec lequel tu vis n'est pas le tien.

PHOTINE, reculant.

Seigneur!...

JÉSUS

Tu dis fort bien. Car celui qui partage
Ta couche, tu n'es pas sa femme davantage
Que tu ne l'as été des cinq autres...

PHOTINE

Seigneur!...

JÉSUS

Car tu changeas cinq fois, ô femme sans pudeur,
Et six fois tu connus les noces, — mais pas une,
La foule des amis doucement importune,
Ni les flambeaux...

PHOTINE

Seigneur!

JÉSUS

Ni le bruit jovial
Du banquet, ni l'effroi sur le seuil nuptial,
Ni les rameaux de myrte agités sur ta tête!

PHOTINE

Seigneur, Seigneur, tu ne peux être qu'un prophète!

JÉSUS

Parce que j'ai vu clair dans ton indignité,
Voilà que tu me crois prophète. En vérité,
Femme, je te dirai des vérités plus grandes.

PHOTINE

O Maître, alors, dis-moi ?...

JÉSUS

                Qu'est-ce que tu demandes?

PHOTINE

Voici. Vous autres Juifs nous tenez en mépris
Parce que nous prions sur ce mont. Or j'appris
Que vos ancêtres — qui sont aussi nos ancêtres —
N'adoraient que sur lui! Que croirai-je? Les Prêtres,
Les Docteurs y voient clair. Mais nous, les simples, nous
Qui demandons la cime où l'on tombe à genoux,
Nous restons étonnés que la cime soit double;
Si l'on nous met entre deux monts, cela nous trouble;
Chaque prêtre nous crie en nous vantant le sien :
« Priez sur notre mont, il est le plus ancien! »
— « Non! on ne peut vraiment prier que sur le nôtre! »
Alors, nous ne montons ni sur l'un, ni sur l'autre,
Et nous restons en bas, dans le val, au milieu...
Et le val a des fleurs qui font oublier Dieu.

JÉSUS

Rassure-toi : car l'heure vient, elle est venue
Où l'on ne prîra plus le Père, âme ingénue,

Ni sur le Garizim, ni dans Jérusalem.
Apprends que désormais, ô femme de Sichem,
Les vrais adorateurs n'adoreront le Père
Qu'en esprit et qu'en vérité; car la prière
Ne peut pas à l'Esprit plaire selon le lieu.
Car le Père est Esprit, car il n'est qu'Esprit, Dieu !
Et c'est donc dans l'Esprit, et dans l'Esprit encore
Et dans l'Esprit toujours, qu'il faudra qu'on l'adore.

PHOTINE

J'ai vécu loin du Dieu que fait aimer ta voix.
Pourtant j'ai toujours eu trois croyances : je crois
Que d'entre les tombeaux, un jour, on ressuscite;
Que d'un Ange, parfois, on reçoit la visite,
Et surtout, — oh ! surtout, — je crois obstinément
Qu'il viendra, le Promis, et j'attends en l'aimant
L'Ha-Schaab, ou le Christ, qu'on nomme encor Messie !

JÉSUS, levant les yeux au ciel.

Les plus humbles, toujours ! Oh ! je te remercie,
Mon Père !
(A Photine.)
Et de ce Christ, dis-moi, que penses-tu ?

PHOTINE

Qu'il viendra.

JÉSUS

Bien. Et puis, quand il sera venu ?

PHOTINE

Quand il sera venu...

JÉSUS

Qu'est-ce que tu supposes?

PHOTINE

Je suppose qu'il nous apprendra toutes choses.

JÉSUS

O mon Père, ces mots si simples, entends-les!...
Femme, tu les as dits, les mots que je voulais.
Lève le front. Regarde-moi. Sois éclaircie.
Je suis Cela, moi qui te parle, — le Messie !

PHOTINE, reculant, balbutiant et glissant à genoux.

Toi! Je... Christ!... Ha-Schaab!... Emmanuel!...

JÉSUS

Jésus.

PHOTINE, tombant à genoux.

Mon Bien-Aimé...

JÉSUS

Voilà que tu ne parles plus.

PHOTINE

Mon Bien-Aimé... je t'ai cherché — depuis l'aurore,
Sans te trouver, — et je te trouve, — et c'est le soir;
Mais quel bonheur! — il ne fait pas — tout à fait noir :
    Mes yeux encore
    Pourront te voir.

Ton nom répand — toutes les huiles — principales,
Ton souffle unit — tous les parfums — essentiels,
Tes moindres mots — sont composés — de tous les miels,
      Et tes yeux pâles
      De tous les ciels.

Mon cœur se fond...
              Grand Dieu! qu'ai-je fait? Que disais-je?
Pour lui! le même chant! le même, ô sacrilège!...
Pour lui, les mêmes mots, qui me servirent pour...

JÉSUS

Je suis toujours un peu dans tous les mots d'amour.
Mais, tant que ce n'est pas à moi qu'on les adresse,
On ne fait qu'essayer les termes de tendresse.

PHOTINE

Maître, pour t'adorer, j'ai dit ce que j'ai su!

JÉSUS

Et ton hommage me fut doux. Je l'ai reçu.

PHOTINE

Devant toi, que ce chant aux lèvres me remonte...
Quelle honte!

JÉSUS

Non, tu ne dois pas avoir honte.

Comme l'amour de moi vient habiter toujours
Les cœurs qu'ont préparés de terrestres amours,
Il prend ce qu'il y trouve, il se ressert des choses,
Il fait d'autres bouquets avec les mêmes roses :
Car c'est à moi que tout revient. Et tôt ou tard,
Le parfum acheté, d'aloès ou de nard,
Que pour flatter les sens le marchand a cru vendre,
Sur mes pieds douloureux finira par s'épandre,
Et c'est par des cheveux défaits pour le péché
Que ce parfum, sur mes pieds nus, sera séché.
Ne crois donc pas que ta chanson me scandalise ;
Un cœur que je surprends ne peut, dans sa surprise,
Se reconnaître assez pour inventer un chant.
Mais il se trouble ; il dit, dans son trouble touchant,
N'importe quel fragment de chanson coutumière...
Et la chanson d'amour devient une prière !

PHOTINE

« Celui qui boira l'eau que je lui donnerai
N'aura plus soif!... » Seigneur, je n'ai plus soif, c'est vrai.
Pour la première fois j'ai bu, pour la première !
Oh ! je voudrais pleurer sur tes mains de lumière...
Comme il est bon ! Il me les tend. Tu me les tends!...
J'avais si soif, si soif, et depuis si longtemps !
C'est ce vers quoi, sans fin, je reprenais mes courses,
L'eau vive, — et j'en connais toutes les fausses sources !
Quelquefois je croyais aimer, et qu'en aimant
Tout irait mieux, et puis je n'aimais pas vraiment,
Et je restais avec une âme encor plus sèche!...
Mais, dès qu'on me parlait d'une autre source fraîche,

L'espoir d'une eau nouvelle et de nouveaux chemins
Me faisait repartir, mon urne dans les mains!
Et je reconnaissais toujours la même route,
Et le même bétail, au même endroit, qui broute,
Les mêmes oliviers tordus et rabougris,
Le même ciel d'azur ou le même ciel gris,
Et d'un geste pareil, mais d'une âme plus vieille,
Toujours, dans la citerne, hélas! toujours pareille
De volupté saumâtre et de trouble plaisir,
Je descendais toujours l'urne de mon désir...
Mais à peine à cette eau ma lèvre touchait-elle
Que déjà je brisais l'urne sur la margelle!

JÉSUS

Oh! Photine, mais tout cela, je le savais!

PHOTINE

Et maintenant, c'est dans la fraîcheur que je vais!
Car mon âme a senti, de son ombre surprise,
Sourdre, à flots de clarté, la fontaine promise!
Jaillis, source d'amour, et monte en jet de foi,
Et puis retombe en gouttes d'espoir, chante en moi,
Chante! et suspends, au lieu d'une poussière infâme,
Une poudre d'eau vive aux parois de mon âme!...

JÉSUS

Tu trouves maintenant des mots ingénieux,
Mais qui me touchent moins que les pleurs de tes yeux.

PHOTINE

Mes mots sont sans valeur, et mes yeux sont sans charmes!

JÉSUS

Les plus beaux yeux pour moi sont les yeux pleins de larmes.
Et ne t'occupe pas des mots ; je les entends.

PHOTINE

Instruis-moi.

JÉSUS

  Je veux bien, là, pendant que j'attends.
Mais tu me quitteras quand tu verras paraître
Mes disciples.

PHOTINE, avec un geste vers sa cruche.

  Avant de me parler, le Maître
Ne goûtera-t-il pas à l'eau dont il voulut?

JÉSUS

Je n'ai jamais eu soif, sinon de ton salut.

PHOTINE

C'est vrai, naïvement j'offrais à boire au Fleuve!

JÉSUS

Chaque fois que je bois une âme, je m'abreuve.

PHOTINE

Je me couche à tes pieds. J'écoute.

JÉSUS

      L'air est bleu.
Tout se tait... Je dirai le royaume de Dieu,

Et comment on le perd, comment on s'en rend digne,
L'ivraie et le froment, le sarment et la vigne...

PHOTINE

J'écoute...

JÉSUS

Je dirai le grain de sénevé,
Le trésor enfoui, le diamant trouvé...

PHOTINE

J'écoute !

JÉSUS

... le danger des regards en arrière,
Les mots qu'il faut choisir pour former la prière,
Tout le troupeau quitté pour un agneau perdu...

PHOTINE

J'écoute !

JÉSUS

... le retour du Maître inattendu,
Le grand chemin moins bon que la petite route,
Et je te parlerai de mon Père.

PHOTINE

J'écoute !...

Rideau.

DEUXIÈME TABLEAU

La Porte de Sichem

Derrière le rideau, avant qu'il s'écarte, tumulte de voix joyeuses, cris bizarres, chants, éclats de rire. Puis on découvre le marché qui se tient à la porte de Sichem.
Grande place, sur laquelle débouchent d'étroites ruelles en pente. Maisons à toits plats. Minces petits escaliers aux murs. A droite, la maison de Photine.
Au fond, la porte de la ville, sorte d'allée voûtée, obscure et profonde, au bout de laquelle luit une échappée sur la campagne et que surmonte la maison du Schoër, gardien de la porte; tourelle d'où ce gardien peut regarder au loin.
Grouillement d'un caravansérail. Haillons éclatants. Innombrables marchands. Étalages. Boutiques. Encombrement de sacs, de couffins et de jarres. Vers le fond, les Anciens sont gravement réunis : c'est à la porte de la ville que se traitent les affaires. Des enfants jouent. Des jeunes gens rient, s'amusent à soulever des pierres lourdes. Des femmes et des jeunes filles regardent les objets à vendre, jacassent.
Pierre et les Disciples sont là pour acheter des vivres, repoussés et raillés par les marchands. — Le Prêtre au fond, mêlé aux Anciens.

SCÈNE PREMIÈRE

PIERRE, LES DISCIPLES, LA FOULE

CRIS DES MARCHANDS

Blé! Fruits! Lait! Miel! Riz! Sel! Des rékikîm tout frais!...

PIERRE

Leurs cris ont augmenté la faim dont je souffrais!

ANDRÉ

Allons-nous-en.

PIERRE

Marchande encor!

ANDRÉ

C'est inutile.

4

On se moque de nous!

UN MARCHAND

Des petits flans à l'huile!

ANDRÉ, vivement.

Combien?

UN JEUNE HOMME, passant en courant, aux marchands.

Ce sont des Juifs. Soyez très exigeants.
(Les Disciples s'éloignent.)

AUTRE MARCHAND, à des passantes.

Jeunes filles, du fard pour les yeux?

AUTRE MARCHAND, à des passants.

Jeunes gens,
Des roseaux de Mérôm pour vous faire des flèches?

PIERRE, à Nathanaël.

Ce vieillard a l'air bon, qui vend des figues sèches.
Propose-lui...

AUTRE MARCHAND

Copher pour les ongles, copher!

ANDRÉ, pendant que Nathanaël parle au vieillard.

Je meurs de faim.

PIERRE, à Nathanaël qui redescend.

Accepte-t-il le prix offert?

NATHANAËL

Il m'a dit de m'aller cacher dans une crypte !

JEAN

Pierre, je meurs de soif !

UN MARCHAND

Des concombres d'Égypte !

PIERRE, résigné.

Essayons d'acheter un poisson !

(Ils remontent.)

UNE JEUNE FILLE, dans un groupe, interpellant une autre qui passe.

Noémi !...
Que compte-t-il t'offrir, aujourd'hui, ton ami ?

NOÉMI

Devinez !

LA JEUNE FILLE

Un bonnet de filet ?

NOÉMI

Non !

UNE AUTRE JEUNE FILLE

Des socques,

Pour faire un joli bruit en marchant?

NOÉMI

Tu te moques !

UNE AUTRE

Mieux encore? Un miroir de fonte?

NOÉMI

Devinez.

UNE AUTRE

Une bague?

NOÉMI

Un anneau d'ivoire pour le nez !

TOUTES, éblouies.

Oh!...

PIERRE, au fond, à un marchand de poissons.

Ce thon, trois sékels?

LE MARCHAND

Tu réclames? C'est quatre !

UN HOMME, avec des oiseaux sur les épaules.

Qui veut voir mes gentils petits oiseaux se battre?

(On fait cercle autour de lui.)

PIERRE, aux Disciples.

Partons!

ANDRÉ

Qu'emportons-nous, en somme?

NATHANAËL

Un peu de riz.

PIERRE

Poussiéreux.

JACQUES

Un fromage.

PIERRE

Ancien.

ANDRÉ

Des fruits.

PIERRE

Pourris.

JEAN, montrant une maigre grappe de raisin sec.

Et cette grappe, enfin!...

PIERRE

Ce n'est point, par Moïse!
La grappe de raisin de la Terre Promise.
On ne se mettra pas à deux pour la porter!
(A un Disciple.)
Et, dis-nous, trésorier, que peut-il nous rester?

LE DISCIPLE, montrant une bourse vide.

Rien.
(Il remonte. — Tous se regardent.)

PIERRE

Déjà?

ANDRÉ, hochant la tête.

Hum!

JACQUES, à mi-voix.

Judas nous vole. Prenons garde.

JEAN

Quand on le dit au Maître, il sourit, le regarde,
Et répond : « Il le faut, qu'il aime trop l'argent!... »

PIERRE

Venez!
(Ils vont pour sortir. Au moment où ils passent sous la porte, cris dans la foule.)

LA FOULE

Les Juifs s'en vont! — Chiens! — Pourceaux! — Voleurs!

PIERRE, doucement à Jean.

Jean,
Je crois bien qu'il n'y a...

LA FOULE

Ladres! — Rogneurs d'oboles!

PIERRE

... De bons Samaritains que dans les paraboles!
(Ils sortent.)

SCÈNE II

Les Mêmes, moins les Disciples

(Depuis un moment, Azriel est arrêté devant la maison de droite, qui est celle de Photine.)

AZRIEL, à une servante qui a paru sur le seuil.

Elle est encor au Puits de Jacob?

LA SERVANTE

Elle y est
Encor.

UNE FEMME, à une autre.

Vois Azriel, comme il est inquiet
Lorsque Photine...

L'AUTRE

Ah! ne parlons pas de Photine!..

LA PREMIÈRE

La vie est de miel pur pour cette libertine!

UNE TROISIÈME

Oui, pendant que nos jours sont honnêtes et longs,
Pendant que nous cuisons les pains, que nous filons,
Son amant la compare au muguet des vallées
Et lui donne à croquer des pistaches salées.

AZRIEL

Mais que lui peut-il donc être arrivé?

(Criant au gardien de la porte.)

Schoër,
Toi qui surveilles le lointain, perché dans l'air,
Ne vois-tu pas venir Photine sur la route?

LE SCHOËR

Non, je ne la vois pas.

PREMIÈRE FEMME, à la deuxième.

Tiens, fine abeille, écoute!
N'est-ce pas irritant?

LA DEUXIÈME

Mais, douce olive, on dit
Que la fin du scandale est proche. Elle perdit
Toute pudeur. Ils vont la chasser de la ville.

LA TROISIÈME

Qui?

LA PREMIÈRE

Les Anciens.

LA TROISIÈME

Vraiment?

LA PREMIÈRE

Dans leur groupe immobile,

Tu vois, on parle bas. C'est d'elle!

           LA DEUXIÈME

                    Il était temps!
Elle nuit à Sichem, à tous ses habitants...
N'est-ce pas, cher palmier?

           LA PREMIÈRE

              Mais oui, petite perle!

           LA TROISIÈME

Si la fureur du Ciel contre Sichem déferle,
C'est à cause des yeux de Photine, trop doux!

           UNE AUTRE

Sa robe attirera le tonnerre sur nous.

           UNE AUTRE

Enfin, c'est une femme abominable!

           UNE AUTRE

              Certe.

           LA PREMIÈRE

Et Dieu se servira d'elle pour notre perte!

           LA DEUXIÈME

Si jamais elle nous regarde, insultons-la!

AZRIEL, à la servante.

Je vais aller au-devant d'elle.

LE SCHOËR, se penchant, du haut de la tour.

La voilà !

AZRIEL

Tu la vois ?

LE SCHOËR

    Elle court... Elle fait de grands signes !...
Pour arriver plus vite, elle a pris par les vignes,
Par les blés !... La voilà !... Comme elle court !

AZRIEL

Schoër,

Ce n'est pas elle !

LE SCHOËR

    Si, c'est elle ! J'y vois clair !...
Ses cheveux sont épars... elle est toute hagarde...
Comme elle court !...

AZRIEL

Ce n'est pas elle !

LE SCHOËR

Si, regarde !

(Photine paraît sous la grande porte, courant, éperdue, et elle s'arrête, haletante.)

SCÈNE III

Les Mêmes, PHOTINE

AZRIEL

Ah! c'est toi!... Je tremblais... je craignais... je ne puis
Te dire!... D'où viens-tu? Tu ne viens pas du puits?...
Pour rapporter de l'eau, tu n'as aucune sorte
D'amphore...

PHOTINE

Et c'est de l'eau, pourtant, que je rapporte.

AZRIEL

Pourquoi courais-tu donc?

PHOTINE

On avait soif ici.

AZRIEL

Comment! tu viens!...

PHOTINE

Du puits.

AZRIEL

De Jacob?

PHOTINE

C'est ainsi

Qu'on le nommait hier.

AZRIEL, riant.

Et qu'on le nomme encore!...

PHOTINE

Non.

AZRIEL

Ton voile?

PHOTINE

Tombé!...

AZRIEL

Ton amphore?

PHOTINE

L'amphore?...

AZRIEL

Que faisais-tu? Je te cherchais?...

PHOTINE

Je me trouvais.

AZRIEL

L'avais-tu, ton amphore, en partant?

PHOTINE

Je l'avais.

AZRIEL

Où donc l'as-tu laissée ?

PHOTINE

Où je me suis laissée.

AZRIEL

Pourquoi me tourmenter en faisant l'insensée ?

PHOTINE

Pauvre Azriel !

AZRIEL

Je t'aime.

PHOTINE

Oh ! non, non, va, je sais...
Tout ce qu'entre mes bras, tu rêvais, tu pensais,
— Car c'est dans un baiser toute l'âme qu'on frôle,
Et rien ne sait le poids d'un front comme une épaule !...
Eh bien ! rappelle-toi, je viens t'en supplier,
Ce que je ne servais qu'à te faire oublier !
Tes grands espoirs, tu les jetas ? Je les rapporte !
(Elle crie.)
Peuple !...

AZRIEL

Que fais-tu là ?

PHOTINE

Vous qui, sous cette porte,

Passez, foule joyeuse et bavarde, là-bas!...

UN HOMME

Photine, il conviendrait qu'on ne t'entendît pas.

PHOTINE

Femmes aussi, vous qui riez, là, dans la rue!...

UNE FEMME

Elle ose nous parler, cette fille perdue?

AZRIEL

Tais-toi. Prends garde!...

PHOTINE

Anciens et Docteurs de la Loi!
Vieillards! Prêtres!

UN ANCIEN

Silence!... On s'occupe de toi!

PHOTINE

Vous, marchands!...

UN MARCHAND, avec mépris.

C'est, je crois, Photine, qu'on te nomme?

PHOTINE

Près du puits de Jacob est assis un jeune homme.

C'est un Nazaréen pâle, qui m'a parlé.
Il est si doux que j'ai tout de suite tremblé...
Nul n'a son éloquence immense et familière,
Et son geste est celui d'ouvrir une volière!

LA FOULE, riant.

Ha! ha!

PHOTINE

Je crois que c'est un prophète. Sachez
Qu'il devina tous mes secrets, tous mes péchés!...
Il a tout deviné. J'en suis encor saisie!
Ne se pourrait-il pas que ce fût le Messie?

UN HOMME

Mais elle est folle!

UN AUTRE

Que vient-elle nous conter?

UN AUTRE, riant.

Ha! ha! ha!

UN MARCHAND

Mes pigeons, qui veut les acheter?

AUTRE MARCHAND

Deux passereaux, pas cher, pour faire un sacrifice!

PHOTINE

De grâce, écoutez-moi!

UN ACHETEUR, à un marchand.

Combien ce sac d'épice?

LE MARCHAND

Vingt sékels!

L'ACHETEUR

Tu veux donc me ruiner comme Job?

PHOTINE

Un jeune homme est assis près du puits de Jacob!
Il se nomme Jésus. Il revient de Judée.
J'ai refusé d'abord l'eau qu'il m'a demandée.
Mais alors il m'a dit, debout dans son manteau,
Des paroles du Ciel à propos de cette eau!...

UNE FEMME, à un marchand.

Les beaux colliers!

UNE AUTRE FEMME

D'où viennent-ils?

LE MARCHAND

De Phénicie!

PHOTINE

Pourquoi ne pas vouloir que ce soit le Messie?

####UN JEUNE HOMME

Le Messie? Il viendra quand pourriront nos os!

####UN AUTRE, en entraînant plusieurs.

Venez donc par ici voir un combat d'oiseaux!

####PHOTINE

Ecoutez donc, ô misérable populace!
J'apporte une nouvelle immense!...

####UN MARCHAND

                      Elle nous lasse!

####UN AUTRE MARCHAND

Tais-toi!

####PHOTINE

    Je ne peux plus me taire!

####PREMIER MARCHAND

                Non! Assez

De cris!

####PHOTINE

    Je ne peux plus me taire, car je sais!...
Je dois crier, — qu'on me repousse, qu'on me foule! —
Mon devoir est d'aller crier parmi la foule :
Près du Puits de Jacob un jeune homme est assis!
    Ses cheveux ont la couleur blonde;
On croit voir l'arc-en-ciel qui rassure le monde
    Dans chacun de ses beaux sourcils.

Grave, il reçoit, tenant une invisible palme,
    L'ombre d'un invisible dais.
On le reconnaîtrait entre mille à son calme,
    Et c'est Celui que j'attendais !

Un vent d'été, porteur d'un chant lointain, qui passe
    Dans un troène d'En-Gaddi,
La flûte se mêlant aux fleurs dans l'air tiédi,
    C'est à quoi fait penser sa grâce !

Et quant à sa douceur, elle est divine, elle est...
    Comme une plume de colombe,
Qui, blanche, quand l'oiseau se penche sur du lait,
    D'une blancheur dans l'autre tombe !

UN MARCHAND

Elle ameute la foule !...

UN AUTRE MARCHAND

    Et distrait les chalands !

UN HOMME, *amèrement, aux marchands.*

Oui, qu'importe l'espoir des plus vastes élans,
Pourvu que l'on achète et pourvu que l'on vende !...

UN AUTRE, au prêtre qui descend, attiré par le bruit.

On nous parle du Christ!

LE PRÊTRE

Qui?

PHOTINE

Moi!

LE PRÊTRE

L'audace est grande!
Parler du Christ! Sais-tu seulement ce que c'est?
Seul il peut en parler, l'homme pieux qui sait
Tous les oracles de jadis, les phrases dites
Par les prophètes saints, les promesses écrites...
Les choses qu'une femme, enfin, ne sait jamais!

PHOTINE

Tu t'avances beaucoup, prêtre, si tu l'affirmes!
Il est écrit : « Quand Dieu viendra sur les sommets,
Les aveugles verront la danse des infirmes
Et les sourds entendront l'hosannah des muets! »

LE PRÊTRE

C'est un texte, en effet, qu'elle nous paraphrase!

UN VIEILLARD

Eh quoi! cette ignorante?

UN JEUNE HOMME

Elle semble en extase!

UN AUTRE

Le charbon a touché ses lèvres de son feu!...

PHOTINE

« C'est un vrai cœur de chair qu'à mon peuple j'envoie,
Et j'ôte le rocher qui de cœur lui tint lieu,
Afin que désormais il marche dans ma voie,
Et que ce soit mon peuple, et que je sois son Dieu! »

LE PRÊTRE

Ezéchiel parlait ainsi dans son délire!
Elle aura lu ces mots!

AZRIEL

Elle ne sait pas lire!

LE PRÊTRE

Comment les textes saints lui sont-ils donc connus?

PHOTINE

« Ah! qu'ils sont beaux, sur la montagne, les pieds nus
De celui qui nous vient porter le bon Message!... »

LE PRÊTRE

Isaïe a crié cela!

PHOTINE

« Petit village,
Béthléem! quelle ville eut jamais tes grandeurs? »

LE PRÊTRE

Ah! tais-toi!...

PHOTINE

« Nazareth! ton nom contient des fleurs! »

LE PRÊTRE

Les livres de Moïse éclairent seuls les ombres!

PHOTINE

Eh bien! connaissez donc qu'il est dit dans les Nombres :
« Paroles de Bâlam-ben-Beor : Israël,
Un sceptre est dans ton sol, un astre est dans ton ciel ! »

LE PRÊTRE

Cette femme connaît les Livres mieux qu'un homme!

PHOTINE

Et sachez qu'il est dit dans le Deutéronome...

VOIX DIVERSES

Miracle! — Fausseté! — C'est le Christ! — Vous croyez?
— Non!

PHOTINE

Et si c'était lui!... Venez et le voyez!

UNE VOIX, dans la foule.

Rappelez-vous toutes les fausses prophéties!

UNE AUTRE

On en a tellement découvert, des Messies!

PHOTINE

Si c'était lui!

UN MARCHAND

Mais non!

PHOTINE

Si c'était lui, pourtant!

UN JEUNE HOMME

Oh! certes...

LE PRÊTRE

Si c'était le Christ, en l'admettant,
Comment l'âme du Christ, cette grande âme blanche,
Causerait-elle avec la tienne?...

PHOTINE

Elle se penche!

LE PRÊTRE

Va parfumer ta porte, et, t'asseyant au seuil,
Prépare pour ce soir les ruses de ton œil.

PHOTINE

Ne crois pas qu'en parlant de la sorte on m'irrite :
Tu viens de me traiter comme je le mérite!

AZRIEL

Cette orgueilleuse-là, s'humilier ainsi!...
J'affirme qu'il y a du divin dans ceci!

PHOTINE, s'agenouillant au milieu de la place.

Je confesse ma vie et frappe ma poitrine,
Et je veux demander pardon à tous!...

UNE FEMME, la relevant.

Photine!

PHOTINE

Prophétesse, en effet, bien indigne de lui!...
Mais l'indulgent sauveur qui nous vient aujourd'hui
Aime précisément ceux que personne n'aime,
Aime ceux à qui tous vous jetez l'anathème,
Ceux dont l'obscurité fait dédaigner les maux,
Aime les pauvres gens, les pauvres animaux,
Les humbles chiens battus, les tristes petits ânes,
Les publicains, les péagers, les courtisanes!

CRIS DIVERS

Faites-la taire! — Une pécheresse! — Empêchez
Qu'elle parle!

PHOTINE

Jésus m'a remis mes péchés!

UNE FEMME, sortant de la foule et courant à elle.

Il me remettra donc tous les miens?

PHOTINE

Sois-en sûre!
— Si le roseau froissé souffre d'une cassure,
Il n'achèvera pas le roseau d'un coup sec;
Si la lampe crépite en noircissant son bec,
Il ne soufflera pas brusquement sur la lampe;
Mais, pour que le roseau balance encor sa hampe
Et l'offre encor, ployante, aux pattes de l'oiseau,
Il raccommodera tendrement le roseau,
Et, pour que de nouveau la flamme monte et brille,
Tendre, il relèvera la mèche avec l'aiguille.

LE PRÊTRE

Ah! ces discours au cœur sont plus pernicieux
Que le vinaigre aux dents ou la fumée aux yeux!

UN JEUNE HOMME

Comme elle est belle en ce moment!

UN AUTRE

C'est que sur elle
L'Esprit vient de souffler!

UN AUTRE

Mais non, c'est qu'elle est belle!

UN AUTRE, essayant d'entraîner Photine, et lui montrant un petit groupe décidé.

Viens! quelques-uns déjà...

PHOTINE

Non! je ne partirai
Qu'avec la moitié de la ville!...

UN ENFANT

Moi, j'irai!

PHOTINE, parcourant la foule.

O vous dont on ne peut fréquenter les demeures
Sans se purifier après pendant des heures,
Vous que l'on traite avec plus encor de dédains
Que les montreurs d'oiseaux et que les baladins,
Vous, exclus par la loi de tous les privilèges,
Vils païens, couthéens, ivrognes, sacrilèges,
Samaritains, enfin, puisque ce mot dit tout
Et puisqu'on en a fait le terme du dégoût,
Gueux de ce monde auxquels on voudrait fermer l'autre,
Suivez-moi vers ce Christ, car ce Christ est le vôtre!
Et ceux qui n'ont connu ni honte, ni douleur,
Les forts et les joyeux, ce Christ n'est pas le leur.

LE PRÊTRE

Le Christ est un vainqueur qui viendra dans la gloire!

PHOTINE

C'est un pauvre qui passe et qui demande à boire.

LE PRÊTRE

Coiffé d'astres, fendant terriblement les airs,
Il viendra par un chemin bleu, bordé d'éclairs!

PHOTINE

Il est venu par le sentier de la vallée;
Pas d'étoiles au front, mais l'âme est étoilée!

LE PRÊTRE

Il viendra pour crier : « Il n'y a que la loi! »

PHOTINE

Il vient pour soupirer : « Il n'y a que la foi ! »

LE PRÊTRE

Il sera le guerrier qui reprendra la terre!

PHOTINE

Il est le pacifique ennemi de la guerre,
La ruine de la ruine, et la mort de la mort!

LE PRÊTRE

Mais sait-on seulement d'ou ce prophète sort?
Le vrai Christ descendra de David, — et des prêtres!

PHOTINE

On saura découvrir David dans ses ancêtres!
— En attendant, il sort d'entre les plus petits,
Et ses mains de prophète ont tenu des outils;

Les Anges, dans le fond d'une boutique obscure,
Ont baisé les copeaux pris dans sa chevelure !
Docile, il fabriquait des balances, des jougs ;
Et lui qui travailla, quoique Dieu, comme vous,
En façonnant des jougs pensait à vos souffrances
Et rêvait de justice en faisant des balances !

UN HOMME

Allons vers lui !...

LE PRÊTRE

C'est un faux Christ !

L'HOMME

Soit, je suivrai
Tous les faux Christs, de peur de le manquer, le vrai !

UNE FEMME

Oui, conduis-nous vers lui ! Laisse ces cœurs de pierre !

PHOTINE

Non ! Je ne partirai qu'avec la ville entière !

UN HOMME, ricanant.

Un Christ qui vient pour pardonner à des pécheurs !...

PHOTINE

Ses paroles font des silences dans les cœurs !

UN AUTRE, de même.

Et bavarder, autour des puits, avec les femmes !

PHOTINE

Ses gestes font des ombres blanches sur les âmes!

UN MARCHAND

Il est donc beau pendant qu'il parle?

PHOTINE

Il resplendit!
— On n'a jamais parlé comme cet homme. Il dit :
« Les premiers seront les derniers... Celui qui souffre
Va sourire... Celui qui monte est près du gouffre...
Heureux les attristés ! Heureux les fatigués!
Ceux-ci reposeront, et ceux-là seront gais! »

UN MARCHAND

Autour d'elle, voyez, la foule s'est accrue !

PHOTINE

J'irai crier tout ce qu'il dit de rue en rue!
(Elle sort, suivie de la foule.)

PREMIER VIEILLARD

Elle le fait!

UN MARCHAND, regardant.

Bientôt ils seront des milliers!

UN AUTRE MARCHAND, criant à la cantonade, avec désespoir.

Pourquoi donc avez-vous quitté vos ateliers?

UN AUTRE

Mais que faire? C'est impossible qu'on la laisse...

LA VOIX DE PHOTINE, au dehors.

Il dit : « Vous serez forts, vous, les pleins de faiblesse ! »

PREMIER MARCHAND

Ne lui laissez donc pas prononcer ces mots-là !

LA VOIX DE PHOTINE, plus loin.

Il dit : « Vous jugerez vos juges ! »

UN ANCIEN, furieux.

C'est cela !...

UN AUTRE

Que faire?

LE PRÊTRE

Aller chercher les Romains !...

(A un marchand.)

Toi, va vite.

(Il explique à mi-voix ce qu'il faut dire. On entend :)

L'ordre public troublé... le peuple qui s'excite...

LA VOIX DE PHOTINE, dehors.

Il dit encor : « Je vous le dis, en vérité,
Mon Héritage est fait pour le déshérité ! »

UN MARCHAND, avec terreur.

Entendez-vous ces mots qui pleuvent sur la ville?...

LE PRÊTRE, à celui qu'il envoie.

Demande des soldats. C'est la guerre civile,
Si l'on n'arrête pas...

LA VOIX DE PHOTINE, se rapprochant.

Il dit : « Des deux chemins
Prenez le plus étroit ! »

LE PRÊTRE, au marchand.

Va chercher les Romains !
(Le marchand sort en courant.)

PHOTINE, rentrant, suivie d'une foule plus nombreuse.

Il dit encor : « Toute science est un fantôme.
C'est aux pauvres d'esprit que sera mon Royaume ! »
Il dit...

UN HOMME, qui la suit, éperdu, chancelant, enivré.

Écoutez tous ! Pressez-vous sur ses pas !
Car ce sont là des mots que l'on n'invente pas !
Un Dieu seul peut dicter ces paroles d'aurore !
— Photine, que dit-il encore ?

PHOTINE

Il dit encore :
« Soyez doux. Comprenez. Admettez. Souriez.
Ayez le regard bon. Ce que vous voudriez
Qu'on vous fît, que ce soit ce qu'aux autres vous faites :
Voilà toute la loi, voilà tous les prophètes !
Envoyez votre cœur souffrir dans tous les maux !... »

Enfin, que sais-je, moi! Des mots nouveaux! Des mots
Parmi lesquels un mot revient, toujours le même :
« Amour... amour... aimer!... Le ciel, c'est quand on aime.
Pour être aimés du Père, aimez votre prochain.
Donnez tout par amour. Partagez votre pain
Avec l'ami qui vient la nuit, et le demande.
Si vous vous souvenez, en faisant votre offrande,
Que votre frère a quelque chose contre vous,
Sortez, et ne venez vous remettre à genoux
Qu'ayant, la paix conclue, embrassé votre frère...
D'ailleurs, un tel amour, c'est encor la misère.
Aimer son frère est bien, mais un païen le peut.
Si vous n'aimez que ceux qui vous aiment, c'est peu :
Aimez qui vous opprime et qui vous fait insulte!
Septante fois sept fois pardonnez! C'est mon culte
D'aimer celui qui veut décourager l'amour.
S'il vous bat, ne criez pas contre, priez pour.
S'il vous prend un manteau, donnez-lui deux tuniques.
Aimez tous les ingrats comme des fils uniques.
Aimez vos ennemis, vous serez mes amis.
Aimez beaucoup, pour qu'il vous soit beaucoup remis.
Aimez encore. Aimez toujours. Aimez quand même.
Aimez-vous bien les uns les autres. Quand on aime,
Il faut sacrifier sa vie à son amour.
Moi je vous montrerai comment on aime, un jour...
Amour! N'ayez que de l'amour dans la poitrine!...
Aimez-vous! »

TOUS, tombant à genoux.

Qu'est ceci? Quelle est cette doctrine?

(Tumulte, cris.)

Le Roi, fils de David! — Le Christ! — Le roi des Cieux!
— Suivons-la.

(A ce moment tous, enthousiasmés, se relèvent, s'élancent derrière Photine, vont partir ; mais ils sont refoulés brutalement par des soldats qui entrent, et un centurion paraît.)

SCÈNE IV

Les Mêmes, LE CENTURION, Soldats

LE CENTURION

Quoi! Comment! Des cris séditieux!
Dispersez-vous!... Quel est ce roi que l'on acclame?
Que faites-vous là, tous, autour de cette femme?...
Saisissez-la d'abord, elle!

PHOTINE, pendant qu'on lui lie les mains.

Tout est perdu!
Quand je les emmenais!...

LE CENTURION, à la foule grondante.

M'avez-vous entendu?
Pas de groupes!... Pas de rumeurs!... Qu'on se disperse!
(Aux marchands.)
Vous autres, reprenez votre petit commerce!
(A Photine.)
Excitatrice, tu leur tenais des propos
Contre César, sans doute, et contre les impôts!

De quoi leur parlais-tu ?

PHOTINE

Mais de...

LE CENTURION, aux soldats.

Serrez la corde !

PHOTINE

Mais de mansuétude et de miséricorde,
De charité, d'amour...

LE CENTURION

Et puis...

UN HOMME, vivement.

C'est tout !

UN AUTRE, de même.

De rien !

LE PRÊTRE

Elle parlait encor du Messie !

LA FOULE, avec indignation.

Oh !

LE CENTURION

Ah ! bien !

Toi, tu viens dénoncer? Rome te remercie!...
(A ses soldats, en riant.)
Elle leur annonçait le Vengeur, le Messie,
Celui-là qui des Juifs sera l'Imperator,
Qui battra les Romains, n'est-ce pas?... Elle a tort!
Car ceci pourrait bien ne pas plaire à Pilate...
Marchons!

PHOTINE, à part.

Tout est perdu!

LE PRÊTRE, au centurion.

Pour que l'émeute éclate,
Elle dit avoir vu le Christ tout près d'ici!
Et sais-tu qui la folle ose appeler ainsi?
Un fanatique obscur, qui, sans doute, conspire,
Un gueux de Nazareth!

LE CENTURION

Ah! il fallait le dire!
Un gueux de Nazareth?... Mais je vois ce que c'est!
(A ses soldats.)
C'est l'homme, vous savez, le simple, qui passait
Pour guérir les lépreux, l'homme de Galilée!
Sa présence, en effet, nous était signalée.

LE PRÊTRE

Des ordres contre lui doivent être reçus.

LE CENTURION

Un certain Josué, n'est-ce pas, ou Jésus?

LE PRÊTRE

C'est lui-même !

LE CENTURION

Comment, c'est Jésus ! Quand je pense
Que j'allais !... Mais alors, ça n'a pas d'importance !
Il ne nous porte pas ombrage, celui-là !
(Aux soldats.)
Ce n'est rien. C'est Jésus ! Allons, détachez-la !

PHOTINE, délivrée immédiatement.

Ciel !

LE CENTURION

C'est un pauvre Juif pris de mélancolie.
Moi-même, je le vis commettre une folie !...
Mais à Jérusalem, justement, il n'y a
Qu'un mois. J'étais de garde au fort Antonia
D'où nous surveillons tout ce qu'on fait dans le temple.
D'en haut j'avais suivi des yeux la blancheur ample
D'une robe de lin errante, et m'étais dit :
« C'est quelque Essénien arrivé d'En-Gaddi.
Il prêche : je le vois aux gestes de sa manche. »
— Douze robes suivaient, sombres, la robe blanche.
Et ce groupe, en causant, s'en vint jusqu'à ce lieu
Où des Juifs très dévots, pour honorer leur Dieu,
Font le change, installés à des petites tables,
En se servant de poids rarement véritables.
Sur le sol de ce temple étonnant, où l'on vend
De tout, du sel, de l'huile et du bétail vivant,

Traînent de vieux morceaux de cordes et de brides.
Tout d'un coup, je vis l'homme aux vêtements candides
Prendre un de ces morceaux, le tordre, et je le vis
Fouetter tous les vendeurs qui couvraient le parvis,
Et tous ces gros marchands, même les plus podagres,
Fuyaient, fouettés par lui, tel un troupeau d'onagres!
Et lui fouettait toujours, d'un geste furieux.
Et le peuple acclamait. C'était très curieux.
Nous autres, les Romains, cela nous faisait rire...
Cet homme ne peut pas inquiéter l'Empire.
Il défend que du temple on fasse un vil bazar,
Mais il dit : « A César ce qu'on doit à César! »

LE PRÊTRE

Tu n'as pas entendu la femme?

LE CENTURION, riant et remontant.

Je préfère
Ne pas l'entendre!

LE PRÊTRE, essayant de le retenir.

Ecoute-la!

LE CENTURION

J'ai mieux à faire!

LE PRÊTRE

Quoi donc?

LE CENTURION, railleur.

Mais lire, au frais, mon auteur familier.

Je lis, et l'ombre d'une feuille de figuier
— Large et tremblante main qui sur le livre passe —
Souligne d'un doigt bleu quelque beau vers d'Horace !

LE PRÊTRE

Mais...

LE CENTURION, sèchement.

Qu'on ne vienne plus, surtout, me déranger.
(Au peuple.)
On vous permet ce Christ, il n'offre aucun danger.
(En sortant, à un soldat.)
Tu sais, le joli charpentier à tête blonde ?...
Ce n'est pas celui-là qui troublera le monde !...
— En route !

SCÈNE V

Les Mêmes, moins LE CENTURION et les Soldats

PHOTINE

Et maintenant, courons vite !
(Murmures.)

UN HOMME

Oh ! non !

PHOTINE

Quoi ?

UN AUTRE

Un roi flattant César ne sera pas mon roi!

UN AUTRE

C'est ainsi que le fils de David nous libère?

UN AUTRE

Il conseille l'impôt?

UN AUTRE

Il accepte Tibère?

PHOTINE

Seigneur, Seigneur, les malheureux, écoute-les!
— De quel royaume avez-vous cru que je parlais?
Quoi! vous vous occupez de César, de l'Empire?
Comprenez donc un peu ce qu'on a voulu dire!
Vous qui serez les éternels Samaritains,
Ne pensez qu'au seul vrai royaume, qu'aux destins
Du royaume secret dont aucune province
Ne vous sera jamais prise par aucun prince!...
Puisqu'il faut tôt ou tard que vous soyez mangés,
Que vous importe que les fauves soient changés,
Et que celui, vers vous, dans l'ombre, qui se traîne,
Ce soit le renard juif ou la louve romaine?...
Ah! sans savoir le nom du maître de hasard,
Donnez avec dédain ce qu'on doit à César!

TOUS

Oui! mais...

UN HOMME

    Mais le royaume?

PHOTINE

                    Il n'est pas de ce monde;
Car ce n'est pas un roi, c'est un Dieu qui le fonde!

UN AUTRE

Où le connaîtrons-nous, ce royaume irréel?

PHOTINE

Un peu d'abord en vous, puis tout à fait au ciel!

PLUSIEURS

En nous?

PHOTINE, allant de l'un à l'autre.

    La graine est là, d'où monte l'arbre immense!
Vous n'avez qu'à vouloir, et le règne commence!
Pour tous! pour tous! Un peu d'amour, un peu de foi,
Et vous verrez quel beau royaume!... Toi, — toi, — toi! —
Toi, tu souffriras moins, maigre tailleur de pierres;
Car, dans le noir du masque abritant tes paupières,
Tes yeux posséderont quelques brins de lueur
Des gerbes de clartés futures!... Ciseleur,
Tes doigts se sentiront rafraîchis par les ailes
Des petits chérubins d'argent que tu cisèles!...

Toi, qui pour lambrisser les alcôves, scias
Les cèdres, les cyprès et les acacias,
Tu béniras les trous au mur de ton échoppe
Parce qu'il y frissonne une touffe d'hysope!...
Vous plaindrez ceux pour qui vous tissez, tisserands,
Et vous, passementiers, plus vous coudrez de rangs
D'inutiles galons aux frivoles étoffes,
Et plus vous sourirez, comme des philosophes!
Chacun trouvera joie à son humble métier.
Tu verniras l'argile avec amour, potier!
Pâtres, vous soignerez plus gaîment vos abeilles.
Vous sifflerez, vanniers, en tressant vos corbeilles!

LE PRÊTRE

Mais ce n'est qu'un espoir, le royaume des cieux!

PHOTINE

Qu'est-ce que vous avez à proposer de mieux?

CRIS DE TOUS

Oui!... Suivons-la!... Le Christ!... Peut-être!... Le Royaume!...
Prenons des instruments!... Chantons!... Oui, tous!.. Un psaume!

UN MARCHAND, à Photine.

Oh! moi, j'y vais sans croire, en curieux, pour voir!

PHOTINE

Viens quand même !

AZRIEL

J'y vais, par ennui, sans espoir,
Pour agir !...

PHOTINE

Viens quand même !

UN JEUNE HOMME

Et moi, c'est toi que j'aime !
Si je te suis, c'est pour ta beauté !

PHOTINE

Viens quand même !
Suivez tous, en cueillant des branches d'oliviers.
Peu m'importe pourquoi, pourvu que vous suiviez !

LE PRÊTRE

Eh bien ! j'y vais aussi ! Cet homme va peut-être
Fonder un nouveau culte et me nommer grand-prêtre !

PHOTINE

Marchons en entonnant le psaume à l'Éternel,
Et prenez au verset : « *Chantons sur le nébel...* »

TOUTE LA FOULE, dans un immense cri d'enthousiasme.

Chantons sur le nébel dont le long manche s'orne
    De nacre, de corail et d'or,
    Sur le nébel, sur le kinnor,
    Et chantons sur la flûte encor
    Et sur la trompette de corne!...

(La foule s'engouffre, derrière Photine, sous la haute porte et le psaume va rouler au loin dans la campagne.)

Qu'en l'honneur de Celui qui vient juger les temps
Danse toute la Terre et tous ses habitants!...
Toute la Mer... et tout...

                                    Rideau.

TROISIÈME TABLEAU

Salvator Mundi

On revoit le Puits de Jacob. Jésus est assis sur la margelle. Le soleil se couchera tout à l'heure. Le Ciel est jaune, avec du rose.
Les Disciples sont groupés un peu loin du Maître. Ils achèvent le repas frugal qu'ils sont parvenus à réaliser avec leurs vagues achats. Assis, ou couchés sur le ventre, ils font cercle, par terre, autour d'un petit feu qui s'éteint et dont monte, bien droit dans l'air calme, un fil bleu. Ils chuchotent, et parfois regardent Jésus, à la dérobée. Ils ne sont pas contents. Jésus rêve.

SCÈNE PREMIÈRE

JÉSUS, LES DISCIPLES

PIERRE, à voix basse, avec indignation.

A cette femme!...

ANDRÉ, de même.

Il lui parlait!

JACQUES, de même.

Il lui parlait!

PIERRE

Je n'oserai jamais le blâmer... Mais il est
Parfois, avouons-le, d'une imprudence étrange.

ANDRÉ

Et pourquoi jeûne-t-il, quand tout le monde mange?

PIERRE

C'est pour nous étonner qu'il n'aura pas mangé !

JÉSUS

Ce n'est pas pour cela, Pierre.

JEAN

Il nous entend.

PIERRE

J'ai
Parlé trop haut.

NATHANAËL, plus bas.

Pourquoi jeûner ?

PIERRE, de même.

Je me figure
Que c'est pour nous prouver qu'il vit sans nourriture !

JÉSUS

Je me nourris d'un mets que vous ne savez pas.

PIERRE, baissant la voix.

Quelqu'un a dû venir lui porter un repas.

JEAN

Les Anges peuvent le servir, sans qu'on les voie !

JÉSUS

Faire la volonté de Celui qui m'envoie,
— Voilà cet aliment secret qui me nourrit.

PIERRE, plus bas encore, avec humeur.

C'est pour faire cette volonté que l'on prit
Par ce chemin !...

JEAN

Mais pour gagner la Galilée...

PIERRE

Il aurait mieux valu passer par la vallée
De Sâron !...

NATHANAËL

Certe, ou par la plaine du Jourdain !

ANDRÉ

Mais par la Samarie !... Horreur ! Tâtez ce pain !
C'est du granit !
(Il le lance loin de lui.)
Maudite ville !

PIERRE

Est-ce la peine
D'aller chez ceux qui sont ignorants, pleins de haine,
Endurcis, et que la souffrance rend mauvais ?

JÉSUS

C'est chez ceux-là qu'il faut aller, et que je vais.

JEAN

Parlons plus bas.

JACQUES

C'est son idée. Il sera cause
Qu'on nous massacrera.

JEAN

Mais lui-même s'expose.

PIERRE

A quoi cela sert-il? Qu'est-il venu chercher?
Que fait-il sur ce puits? A qui veut-il prêcher?
Il n'a trouvé pour l'écouter que cette femme.
Vous savez que jamais, certes, je ne le blâme;
Mais, s'il voulait gagner ce peuple, il aurait dû
Se faire un partisan digne d'être entendu!

JACQUES

Des mains pures pourront seules semer l'Idée.

PIERRE

Mais une courtisane!

JACQUES

On l'aura lapidée
Dès qu'elle aura paru, pour prêcher, sur son toit!...

PIERRE

Si j'avais à gagner une ville, moi!...

JACQUES

Toi ?

PIERRE

Je me renseignerais. J'irais voir les notables,
Le prêtre à son autel, les changeurs à leurs tables.
Chacun vous sert selon l'importance qu'il a.
Je convaincrais une âme importante. Voilà
Comment je m'y prendrais, moi, pour prendre une ville.

ANDRÉ, secouant la tête.

Parler à cette femme était bien inutile.

PIERRE

Il semble quelquefois railler, en vérité.
Songez qu'il a choisi la dernière cité
Du dernier peuple et, dans la cité tout entière,
Une femme et, parmi les femmes, la dernière !

JÉSUS

Il faudra que pourtant vous vous accoutumiez
A ce que les derniers, pour moi, soient les premiers !

PIERRE

Il entend tout; c'est bon, je garde le silence.
<small>(Il se lève, et va regarder un champ de blé. — Silence.)</small>

JÉSUS

Non!

JACQUES

A quoi dis-tu : « Non ? »

JÉSUS

A ce que Pierre pense.

PIERRE, <small>se retournant, étonné.</small>

Seigneur!...

JEAN, <small>criant tout à coup.</small>

Je meurs de soif!

ANDRÉ

Oui, c'est un jeu cruel
Des païens! Ils ont mis dans le riz trop de sel!

NATHANAËL

Comment boire?

ANDRÉ

On n'a rien pour puiser!

JEAN

Cette femme

A bien laissé...

JACQUES

Quoi donc ?

JEAN

Sa cruche !

PIERRE

Son infâme
Cruche ? C'est un objet de scandale et d'effroi !
N'y portez pas les mains !

JEAN, les deux mains sur la cruche.

Elle a le ventre froid.
Et j'ai bien soif.

PIERRE

Je ne boirais pour rien au monde
Cette eau nauséabonde !...

JEAN

Elle est nauséabonde ?

PIERRE

Doublement ! car le goût du vice est dans cette eau,
Et de l'impiété !

JEAN

Tant pis ! J'ai trop soif !

(Il boit.)

Ho !...

7

NATHANAËL

Eh bien ?

JEAN, lui passant la cruche.

Goûte !

NATHANAËL, après avoir goûté.

Ho !..

ANDRÉ

Quoi ?

NATHANAËL, même jeu.

Goûte !...

ANDRÉ, même jeu.

Ho !...

JACQUES

Qu'est-ce ?

ANDRÉ

Goûte !

JACQUES

Quelle perle divine est dans cette eau dissoute ?...

NATHANAËL

C'est du miel !

ANDRÉ

Non ! des fleurs !

JEAN

On pleure, en y goûtant !

PIERRE

Qu'a-t-elle donc laissé dans sa cruche en partant?...

JÉSUS

Elle a laissé dans cette cruche
Le souci du cœur insensé,
L'orgueil cruel d'être une embûche
Vivante et rose; elle a laissé

Ses péchés lourds, ses rêves pires,
Ses bonheurs bavards et méchants,
La frivolité de ses rires,
L'inconscience de ses chants,

Ses soupirs pour d'indignes causes,
Tout le mal de son âme, tout!...

PIERRE

Et ce sont ces mauvaises choses
Qui donnent à l'eau ce bon goût?

JÉSUS

Le goût que vous trouvez à l'eau de cette cruche,
Ne l'attribuez pas à des pleurs blonds de ruche,
    A des pleurs blancs de lys broyés;
Ce goût, — avec en moins la saveur infinie! —
C'est celui que je trouve aux fautes d'une vie
    Qu'on vient d'oublier à mes pieds!

PIERRE, buvant à son tour.

Par quels mots exprimer une fraîcheur pareille?...
Ma lèvre entend ta voix que buvait mon oreille !
(Reposant la cruche.)
Mais tout à l'heure, là, lorsque tu m'as dit non,
Devant ce champ, à quoi rêvais-je ?

JÉSUS

A la moisson.
Tu rêvais, comparant ce champ à ma pensée,
Au triste et long sommeil de la graine lancée.

PIERRE

Oui, quatre mois encore avant que sous les cieux
La moisson...

JÉSUS

J'ai dit non.

PIERRE

Pourquoi?

JÉSUS

Levez les yeux !

PIERRE

Pourquoi, Seigneur?

JÉSUS

Levez les yeux. La moisson brille.

TROISIÈME TABLEAU

On a semé pour vous, prenez votre faucille !
Autre le laboureur, autre le moissonneur ;
Et cependant il faut toujours que le bonheur
— Oui, car cette injustice est bonne ! — soit le même
Pour celui qui moissonne et pour celui qui sème.
Afin de moissonner vous êtes envoyés ;
Mais d'autres ont semé. Leurs blés sont mûrs. Voyez !

PIERRE

On croit voir, en effet, là-bas, sous le ciel rouge,
Les champs blanchir pour la moisson !...

JEAN

Leur blancheur bouge !

LA FOULE, au loin.

... Sur le nébel... sur le kinnor...

NATHANAËL

Et l'on entend...

PIERRE

Quelle est cette moisson qui s'avance en chantant ?...
(Tous ont grimpé sur le talus et regardent au loin.)

ANDRÉ

C'est la ville qui vient !

JEAN

Blanche, elle coule toute

Par le trou noir que fait la porte à haute voûte!...

PIERRE

On croirait qu'invisible une puissante main,
Pressant ses murs, la fait jaillir sur le chemin!...

LA FOULE

... Et chantons sur la flûte encor!...

PIERRE

       Et, toute fière,
Quelle est donc celle-là qui marche la première?

JÉSUS, assis, immobile, sur le puits.

Il faudra que pourtant vous vous accoutumiez
A ce que les derniers, pour moi, soient les premiers.

LA FOULE, se rapprochant.

... Qu'en l'honneur de celui qui vient!...

JEAN

       Écoute, écoute!...

PIERRE

Maître, daigneras-tu me pardonner mon doute?

LA FOULE, se rapprochant.

... Danse toute la Terre et tous ses habitants!...

JEAN

Oh! lève-toi! Viens voir!

NATHANAËL

Les prés sont éclatants!

PIERRE

Mais où donc ont-ils pu trouver toutes ces roses?

JACQUES

Viens les voir!

JÉSUS

Je les vois.

PIERRE

Tes paupières sont closes!

JÉSUS

Je les vois dans mon cœur venir depuis longtemps!

LA FOULE, toujours plus près.

... *Toute la Mer et tout ce qu'il y a dedans...*

ANDRÉ

Ils approchent!

LA VOIX DE PHOTINE, chantant tout près.

... *Que les monts cessent d'être inertes,*
Et que les fleuves transportés,

Sortant de leurs grands lits leurs bras de tous côtés,
Applaudissent de leurs mains vertes!

PIERRE

Et cette voix qui monte!...

JÉSUS

Ah! Photine, est-ce toi?

PHOTINE, paraissant en haut du talus, haletante, échevelée, couverte de fleurs cueillies en courant, les yeux splendides.

Oui, Seigneur, et la ville entière est avec moi!...

Elle a été précédée d'une course éperdue d'enfants qui dégringolent de toutes parts les sentiers, se laissent glisser au bas des talus en agitant des rameaux d'oliviers. Et elle est suivie par la foule qui envahit la scène, se précipite vers Jésus, en criant. Jésus se lève. La foule s'arrête brusquement; plus un cri.)

SCÈNE II

LES MÊMES, TOUS LES SAMARITAINS

JÉSUS

Photine!...

PHOTINE, hors d'elle.

Ils viennent tous! Une foule ravie! —
Je ne sais plus ce que j'ai dit; ils m'ont suivie!
J'ai couru. J'ai perdu mes bracelets. Je ris.
N'est-ce pas que tous les lépreux seront guéris?

Si tu nous avais vus !... Voici des jeunes filles !...
Voici des gueux avec des fleurs à leurs béquilles !...
Tout le long du chemin nous chantions, nous courions,
Et nous aurions bravé tous les centurions !
— Tiens, j'ai cueilli pour toi cette rose de haie... —
Approche-toi, vieil homme, il touchera ta plaie !...
— Les enfants précédaient le cortège en dansant.
Et tu vois, tiens, tu vois, j'ai mis mes mains en sang
Tellement j'ai cassé pour eux de branches vertes !...
— Ah ! toutes les maisons de Sichem sont désertes !
Le premier qui voulut partir, c'est ce petit...
Ce jeune homme ne croyait pas, quand il partit,
Et rien qu'en nous suivant il a perdu son doute :
Oui, l'effort seulement de s'être mis en route !...
— Les marchands ne pensaient qu'à leur marché perdu !
Le prêtre a raisonné. Mais moi, j'ai répondu.
Et je sentais que je parlais avec ton Verbe !...
Ah ! je respire avec bonheur l'odeur de l'herbe !
Je ne reconnais plus ma voix dans l'air du soir !...
Oh ! les marchands, il ne faut pas leur en vouloir !
Les femmes ont été tout de suite très bonnes.
Je ris. Je suis heureuse. Il faudra que tu donnes
Ton grand manteau de laine à baiser. Nous venons
T'adorer. — Approchez ! — Je te dirai leurs noms.
Toi qui vois tout, tu vois que toutes sont venues,
Et tu les reconnais sans les avoir connues.
Celle-ci, c'est Thamar, celle-ci, Penninah.
Il arrive des gens encore. Il y en a
Dans tous les prés voisins. La foule est très nombreuse.
J'étouffe un peu. Je vais pleurer. Je suis heureuse.

JÉSUS

Tu m'as conquis la ville.

PHOTINE

Oh! non! toi seul frappas
Les coups. Si la victoire est grande, ce n'est pas
Que, prophétesse prise entre les filles folles,
Je me sois employée à porter tes paroles
Là-bas! Mais c'est que toi, divin Silencieux,
Tu regardais d'ici la ville, et que tes yeux
Mettaient autour des murs un invisible siège!...
Seul vainqueur dont la robe encore soit de neige,
Tendre ennemi, beau guerrier pur, blanc conquérant,
Je ne t'ai pas conquis la ville! Elle se rend.
Ta servante ne peut t'avoir prêté main-forte!...
Humble, je ne suis rien dans tout ceci : j'apporte
Les clefs... Mais oui, c'est tout. J'apporte, — et ne suis rien! —
Les clefs de tous ces cœurs sur le coussin du mien!

UN HOMME

Pareil au mufle énorme et roux qu'une lionne
Penche sur un agneau dont la blancheur l'étonne,
La ville monstrueuse autour de toi se tait!

UN AUTRE

La foule qui criait et qui se révoltait,
Elle est là, qui retient son souffle...

UNE FEMME

Et, bouche bée,

T'écoute...

PHOTINE

On entendrait voler un scarabée...

UNE FEMME

Parle-nous, fais-nous boire aux célestes viviers !...

PHOTINE

Regarde comme tous les rameaux d'oliviers
Tremblent dans tous les doigts sans qu'il y ait de brise.

AZRIEL

Qu'est cet homme pour que son silence suffise
A me faire vibrer comme une aile, et frémir !...
Mon âme feignait donc seulement de dormir ?

UN HOMME.

Nous sommes ce vil peuple ignorant, idolâtre,
Dont les Juifs t'ont parlé !...

JÉSUS

Je suis votre bon pâtre.

UN AUTRE

Nous sommes les moutons maigres, méchants, maudits,
Du troupeau triste et noir !...

JÉSUS

Vous êtes mes brebis.
— Une ouaille ne peut pas m'être moins chérie

Parce qu'elle est de telle ou telle bergerie.
J'irai dans tous les prés faire entendre ma voix;
J'abattrai doucement les clôtures de bois;
Dans l'herbe tomberont les piquets et les planches,
Jusqu'à ce qu'il n'y ait, brebis noires et blanches
Se rassemblant sous ma houlette au poids léger,
Plus qu'une bergerie au monde, et qu'un berger.

UN JEUNE HOMME

Il me semble que sa parole me baptise!

UNE FEMME

Touche mes pleurs.

UNE AUTRE

Bénis mon petit.

UN VIEILLARD

Qu'on me dise
Que mon heure est venue, à présent je suis prêt!

UNE JEUNE FILLE

Oh! je n'espérais pas qu'il me regarderait!

UN HOMME

Comme sa tête avec indulgence est penchée!

UNE FEMME, s'avançant et se prosternant.

Je m'étais, jusqu'ici, dans la foule cachée :
J'avais peur que ton œil sévère me jugeât!...

TROISIÈME TABLEAU

JÉSUS

J'ai relevé la femme adultère, déjà.

UN MARCHAND

Me pardonneras-tu, fouetteur de mes semblables,
D'avoir trop négligé les trésors véritables
Pour chercher à gagner les trésors du moment?...

JÉSUS

J'ai chassé les vendeurs du temple seulement.

L'IVROGNE

Me pardonneras-tu, prophète de l'eau vive,
De n'avoir pas aimé de façon exclusive
L'eau pure que ton Père à boire nous donna?...

JÉSUS, souriant.

Je l'ai changée en vin aux noces de Cana.

LE PRÊTRE

Peut-il donc être Christ, celui qui se fait suivre
Par la fille de joie et l'homme qui s'enivre?

JÉSUS, avec colère.

Je répondrai, maudit!...

(A ce moment des enfants se mettent à chanter et à danser.)

PIERRE, sévèrement, à une femme.

Emmenez ces enfants!

JÉSUS, brusquement apaisé.

Pourquoi les emmener? Mais je vous le défends!
Quoi! parce qu'ils chantaient une ronde enfantine?
Laissez venir à moi les tout petits... Photine,
Amène-moi ces deux qui, tout effarouchés,
Se cachent dans les plis de ta robe.

PHOTINE, aux enfants.

Approchez!

LE PRÊTRE

Tu ne me réponds pas?

JÉSUS

Ma réponse s'apprête.

PHOTINE

Vous voyez ce seigneur? C'est un très grand prophète,
Celui qu'on attendait, dont on parlait toujours.
Il ne fait pas manger les enfants par les ours
Comme on dit que faisait le prophète Élisée,
Mais il pose les mains sur leur tête frisée.

JÉSUS

Oh! les beaux yeux tout neufs! — Ayez donc de tels yeux :
Vous serez sûrs d'entrer au royaume des Cieux.
(Aux enfants.)
Voulez-vous répéter — je défends qu'on les gronde! —
Les mots que vous chantiez en nouant votre ronde?

UN ENFANT

*Quand nous avons joué
De joyeux airs dansants,
Vous n'avez pas dansé.*

UN AUTRE

*Quand nous avons joué
De tristes airs pleurants,
Vous n'avez pas pleuré.*

JÉSUS

Pierre, c'est bien à tort que ton sourcil se fronce :
Leur petite chanson me fournit ma réponse.
Ne raille-t-elle pas les hommes de ce temps
Qui, quoi qu'on fasse, hélas! ne sont jamais contents?
Jean-Baptiste est venu, rude, plein de querelles,
Seul, noir, vêtu de peaux, nourri de sauterelles,
Et brûlant le pêcheur, d'avance, avec ses yeux.
Vous avez dit de lui : « C'est un fou furieux! »
Jésus vient, mange, boit, sourit, pardonne vite,
Et vous dites de lui : « Mais c'est un Sybarite! »
Race d'ingratitude et d'incrédulité,
J'allais peut-être!... Mais ces enfants ont chanté,
Et leur chanson fut la meilleure repartie,
Et de leur bouche encor la Sagesse est sortie.

UN MARCHAND

Celui-ci, qui vous aime et qui vous parle ainsi,
Est vraiment le Sauveur du monde!

UN HOMME, criant.

        Celui-ci
Est vraiment le Sauveur du monde!

PHOTINE

        Il donne envie
De mourir!

AZRIEL

  Je sais donc que faire de ma vie!

UN JEUNE HOMME

Son doigt m'écrit dans l'âme en lettres de lueur!

UN AUTRE

Il vient de se former de son cœur à mon cœur
Un pont délicieux dont je sens trembler l'arche!...

UN HOMME, guidé par Photine près de Jésus.

Je suis aveugle.

JÉSUS

  Vois!

UN AUTRE, porté par des serviteurs.

  Je suis infirme.

JÉSUS

       Marche!

LA FOULE

Miracle!...

JÉSUS, à un autre.

Et toi, vieillard, parle!

LE VIEILLARD

J'étais muet!

UN HOMME, s'avançant.

J'avais un cœur qui plus jamais ne remuait.
Mais déjà j'ai failli pleurer, là, tout à l'heure,
Et puis je n'ai pas pu... C'est difficile.

JÉSUS

Pleure.

PIERRE

Que nous sommes heureux de te voir faire ainsi
Des miracles, Seigneur!

JÉSUS

Vous en ferez aussi.

ANDRÉ

Qui? Nous?

JÉSUS

Il faudra bien qu'un jour je vous envoie!...

Alors, vous en ferez.

PIERRE

Nous-mêmes?... Quelle joie!

JÉSUS

Ce n'est pas de cela qu'il faut être joyeux,
Mais de ce que vos noms sont inscrits dans les Cieux!

PHOTINE

Il fera nuit après la blancheur de ton geste!
Ne nous rends pas trop vite à l'ombre triste! Reste!

    Reste, Seigneur, il faut un peu
    Nous évangéliser encore.
    Quoi! Notre hôte est le Fils de Dieu
    Et repart, demain, à l'aurore?

UNE VIEILLE

    Il faut, dans ma maison venir
    Te reposer de tes fatigues.
    Tu ne peux pourtant pas partir
    Sans avoir goûté de nos figues!

UNE COURTISANE

    Reste, et parle! Ce sont des fleurs
    Que sur nos têtes tu secoues!...
    Je remplacerai par des pleurs
    Les chaînettes d'or de mes joues.

UNE FEMME

Pour quand tu rentreras, brisé
D'avoir visité les malades,
J'ai du vin aromatisé
Avec le jus de mes grenades.

PHOTINE

Tendrement on respectera
Tes habitudes familières.
Toute la ville se taira
Pendant tes heures de prières!

UNE FEMME

A l'heure où les voix dans le soir
Montent étranges et plus fortes,
Tu viendras un moment t'asseoir
Sur le pas de toutes les portes!

UNE JEUNE FILLE

Ton grand manteau blanc glissera;
Mais, comme les brises sont fraîches,
Une de nous le retiendra...
Sans t'interrompre, si tu prêches!

PHOTINE

Et tu sentiras, tout le temps
Que tu parleras à nos âmes,
Sous tes mains des cheveux d'enfants,
Sur tes pieds des cheveux de femmes.

(Chacune, en parlant, est venue s'agenouiller devant Jésus et a laissé tomber sa branche d'olivier ou son thyrse de fleurs. Sur les derniers mots de Photine, elles s'inclinent toutes, et répandent leurs chevelures.)

JÉSUS

Je resterai deux jours, c'est tout ce que je puis.
Deux jours je veux chez vous me reposer.

UNE FEMME

                              Et puis
Tu reprendras ta route aux fatigues sublimes!

PHOTINE

Et lorsqu'en t'éloignant tu fouleras les cimes
De ces Monts d'Ephraïm qui mordent notre ciel,
Tout au bout du manteau fleuri de Jizréel,
Tes yeux distingueront sur la montagne, en face,
— Comme un petit troupeau qui, par moments, s'efface
Et dont la synagogue est le berger peu net, —
Quelque chose de clair qui sera Nazareth!

JÉSUS

Ville dont mon enfance a couru les ruelles,
Tu me seras cruelle entre les plus cruelles.
Tu n'écouteras pas mon discours tout entier,
Et tu diras : « Mais c'est le fils du charpentier!... »
Ainsi ce sont les miens qui me seront contraires,
Et je trouve en pleurant, quand je cherche des frères,
— Symbole attendrissant de mes futurs destins, —
Mes frères les meilleurs chez les Samaritains!...
Mais il est dit qu'en son pays nul n'est prophète!
— Et que la volonté de mon Père soit faite!

TROISIÈME TABLEAU

CRIS DE TOUS

Hosannah! Gloire au Christ!... Viens dans la ville!... Viens!

JÉSUS

Ai-je eu tort de venir, Pierre, chez ces païens?

PHOTINE, montrant le crépuscule.

Le soir tombe. Elle veut mourir, cette journée.
Mais elle ne peut pas. Pour toujours elle est née.
Quand l'olivier sera de la poussière, avec
Le figuier, quand le puits de Jacob sera sec,
Toujours, sortant du val, passant mont et colline,
L'Eau Vive inondera le monde!

JÉSUS

                Et toi, Photine,
Toi, toujours, lentement, les siècles te verront
Descendre le sentier, ta cruche sur ton front.
Lorsqu'on évoquera ma figure lointaine,
Toujours la Madeleine ou la Samaritaine,
La femme de Sichem ou bien de Magdala,
Toujours une de vous, près de moi, sera là!...
Et ce sera ta gloire encor que l'on confonde
Parfois ta tresse rousse avec sa tresse blonde.

LE PRÊTRE

Soit! C'est le Fils de Dieu! J'y veux bien consentir!
Mais notre Temple, alors, il va le rebâtir?

JÉSUS

Non!

LE PRÊTRE

Mais tu vas nommer des-prêtres.

JÉSUS

Pas encore.

LE PRÊTRE

Un grand-prêtre du moins!

JÉSUS

Non.

LE PRÊTRE

Tu veux qu'on t'honore
Toi-même de ce titre?

JÉSUS

Oh! non.

LE PRÊTRE

Mais cependant
On pourrait embellir ta robe, en la brodant!

JÉSUS

Non.

LE PRÊTRE

Et tu n'auras pas l'insigne aux feux multiples,

(Montrant sa poitrine.)

Les douze pierres, là?

JÉSUS

J'ai mes douze disciples.

UN JEUNE HOMME.

Quel temple élirons-nous, pourtant, nous qui l'aimons?

PHOTINE

La berge en fleur des lacs, le versant bleu des monts!

UN AUTRE

Quel trône prendra-t-il pour parler, ce Monarque?

PHOTINE

La margelle d'un puits, la planche d'une barque.

LE PRÊTRE

Mais pour plaire au Seigneur?...

JÉSUS

    L'acte seul plaît à Dieu!

LE PRÊTRE

Mais enfin on prîra tout de même?

JÉSUS

    Très peu.
— N'imitez pas ceux-là qui trouvent excellentes
Leurs prières sans fin, monotones et lentes :
Car ils sont une meule et ne sont pas un luth!
Ils partent pour prier, mais, oublieux du but,
Ils s'endorment bientôt au rythme des formules,
Comme les cavaliers au pas berceur des mules!

— Priez dans le secret. Ne priez pas longtemps.
— C'est être des grossiers qu'être des insistants.
La meilleure prière est la plus clandestine.
— Priez... comme j'appris à prier à Photine.
<small>(En parlant, de sa main qui pèse doucement sur l'épaule de Photine il la fait agenouiller.)</small>
Oui, d'où que vous soyez, de Sichem, de Sion,
Quand vous voudrez prier, sans ostentation,
Sans inutiles cris, sans vaine mélopée,
Sans qu'avec votre front la terre soit frappée,
Et sans plus vous tourner, pour plaire à l'Elohim,
— Ni vers Jérusalem, ni vers le Garizim,
Puisque c'est en tous lieux qu'est le Père Suprême...

PHOTINE

Mais en fermant les yeux, tout bas, presque en vous-même,
Puisque c'est là surtout qu'il est à tout moment,
Quand vous voudrez prier, dites tout simplement :
« Père que nous avons dans les cieux, que l'on fête
Ton Nom ; qu'advienne ton Royaume ; que soit faite
Ta Volonté sur terre ainsi que dans le ciel ;
Notre pain, aujourd'hui, supra-substantiel,
Donne-le-nous ; acquitte-nous des dettes nôtres,
Comme envers nous, des leurs, nous acquittons les autres ;
Ne laisse pas nos cœurs tentés être en péril,
Mais nous libère du Malin. »

LA FOULE

Ainsi soit-il !

Rideau.

www.ingramcontent.com/pod-product-compliance
Lightning Source LLC
Chambersburg PA
CBHW060203100426
42744CB00007B/1150